Début d'une série de documents en couleur

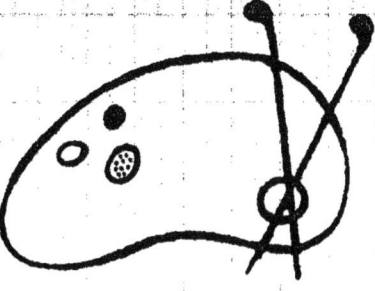

Fin d'une série de documents
en couleur

Pb
3704

COLLECTION DES GUIDES-ALBUMS DU TOURISTE
Par CONSTANT DE TOURS

VINGT JOURS

Dans le Nouveau Monde

PAR

OCTAVE UZANNE

175 ILLUSTRATIONS D'APRÈS NATURE

PARIS
MAY & MOTTEROZ, LIB.-IMP. RÉUNIES, 7, RUE SAINT-BENOIT

GUIDES-ALBUMS DU TOURISTE, par CONSTANT DE TOURS

EN VENTE DANS TOUTES LES LIBRAIRIES DE FRANCE ET DE L'ÉTRANGER

ADOPTÉS PAR LE MINISTÈRE DE LA MARINE

VINGT JOURS SUR LES **Côtes de Normandie, en Bretagne et à l'Ile de Jersey**, par CONSTANT DE TOURS. Album illustré de 110 dessins exécutés d'après nature. Dans un cartonnage artistique avec fers spéciaux . . . . **3 fr. 50**

VINGT JOURS SUR LES **Côtes Normandes**, — DU HAVRE A CHERBOURG, — par CONSTANT DE TOURS. Album illustré de 130 dessins exécutés d'après nature. Dans un cartonnage artistique avec fers spéciaux . . . . **3 fr. 50**

VINGT JOURS **En Haute-Normandie** ET SUR LES **Plages du Nord**, — D'ÉTRETAT A OSTENDE, — par CONSTANT DE TOURS. Album illustré de 130 dessins exécutés d'après nature. Dans un cartonnage artistique avec fers spéciaux . . . . **3 fr. 50**

VINGT JOURS **En Bretagne**, — DE SAINT-MALO A BREST, — par CONSTANT DE TOURS. Album illustré de 125 dessins exécutés d'après nature. Dans un cartonnage artistique avec fers spéciaux . . . . **3 fr. 50**

VINGT JOURS SUR LES **Côtes Bretonnes**, — BASSE-LOIRE ET DE NANTES A BREST, — par CONSTANT DE TOURS. Album illustré de 125 dessins exécutés d'après nature. Dans un cartonnage artistique avec fers spéciaux . . . . **3 fr. 50**

VINGT JOURS SUR LES **Côtes de l'Océan**, — DE LA LOIRE A LA GIRONDE, — par CONSTANT DE TOURS. Album illustré de 125 dessins exécutés d'après nature. Dans un cartonnage artistique avec fers spéciaux . . . . **3 fr. 50**

VINGT JOURS A **Paris en 1893**, par CONSTANT DE TOURS. Album illustré de 220 dessins exécutés d'après nature. Dans un cartonnage artistique avec fers spéciaux . . . . **3 fr. 50**

VINGT JOURS A **Tunis et en Tunisie**, — RETOUR PAR **Constantine**, — par CHARLES LALLEMAND. Album illustré de 15 aquarelles et 175 dessins exécutés d'après nature. Dans un cartonnage artistique avec fers spéciaux . . . . **5 francs.**

VINGT JOURS **En Suisse**, par PAUL NAC, Membre du Club Alpin, et CONSTANT DE TOURS. Album illustré de 160 dessins exécutés d'après nature. Dans un cartonnage artistique avec fers spéciaux . . . . **5 francs.**

En préparation :

VINGT JOURS SUR LES **Côtes Gasconnes**, DE LA GIRONDE AUX PYRÉNÉES. — Plages d'automne ; villes d'hiver, — par CONSTANT DE TOURS. Album illustré de 125 dessins exécutés d'après nature. Dans un cartonnage artistique avec fers spéciaux . . . **3 fr. 50**

Tous droits réservés.

A MES AMIS, CONFRÈRES ET COLLÈGUES D'OUTRE-OCÉAN

MM. Julius Janos,
Valentin Blacque,
Georges Brach de Forest,   } de New-York.
Arthur Kornalow,
H. Pène du Bois,

Pollok,
G. Brown Goode,   } de Washington.
H.-T. Thurber,

Henry Haynie,
Scott (du *Chicago Herald*),   } de Chicago.

Louis Fréchette,
Henri Beaugrand,   } de Montréal.

Charles Edwards Pratt, de Boston,

Ce livre de notes prime-sautières et d'imprévues sensations est dédié en cordial hommage et souvenir reconnaissant du voyageur si largement accueilli et fêté par eux sur la terre américaine.

Paris, 15 novembre 1899.

INVITATION AU VOYAGE

On voyage, a-t-on dit, pour avoir voyagé...... « et pour raser les autres avec le récit de ses excursions », ajoutant, en le modernisant, ceux qui citent ce mot déjà vieux d'un siècle.

Il existe, en effet, tout un clan de sédentaires envieux ou grincheux qui sont impitoyables pour les globe-trotters: ils reprochent à ceux-ci leur curiosité locomotrice, et déclarent que le home offre, avec ses alentours et ses intimités, un champ d'observations suffisamment étendu pour occuper une existence en définitive fort courte, bien que variablement bornée.

D'autres sédentaires, au contraire, estiment et apprécient les écrivains coureurs de grandes routes qui résument leurs vagabondages en volumes. Ils les aiment, non sans égoïsme, de cette affection spéciale que l'on porte à ceux qui vont aux renseignements ou aux provisions et qui savent commenter les bruits de la ville et analyser les sensations perçues sur tous les marchés exotiques. — N'évitent-ils pas, ces voyageurs, aux frileux, aux timides, aux craintifs, des fatigues, des luttes, des audaces et des frais excessifs? N'apportent-ils pas à ceux-ci des impressions toutes fraîches, des émotions de seconde secousse, des notions d'autant plus faciles à s'assimiler qu'il n'y a plus à les coordonner?

Ces touristes en chambre sont des philosophes; ils pensent avec raison que la vision lointaine et intellectuelle surpasse souvent en intensité la vision oculaire réelle; aussi est-ce à ces sages que nous dédions ces menues notes en souvenir d'une promenade de plusieurs semaines aux États-Unis. — Avant de donner libre cours à un récit très personnel où le moi galope dans une course échevelée, agitant ses grelots sonores d'égotisme à tous les relais de la route, nous croyons à l'utilité de ce prologue.

Nous venons de passer dans le Nouveau Monde, non pas vingt jours, mais quatre-vingt-dix. Notre excursion fut néanmoins rapide. Nous représentions à la World's Fair de Chicago deux importants journaux parisiens, en qualité de correspondant littéraire, et, au retour, notre éditeur ordinaire voulut bien nous prier de résumer nos impressions en un petit volume et de coordonner dans ce but quelques-uns de nos articles envoyés tant au Figaro qu'à l'Illustration.

Il fut convenu que tout ce qui avait trait à l'Exposition colombienne devait être éliminé comme n'ayant plus le moindre intérêt d'actualité. Il restait donc trois ou quatre correspondances qui demandaient à être reprises et fondues dans un livre original et presque exclusivement inédit.

Comme il ne nous plaisait guère de paraître découvrir l'Amérique, après tant et tant d'ouvrages considérables parus depuis vingt ans sur ce pays, qui, il est vrai, change de physionomie environ tous les cinq ans, et comme, d'autre part, nous ne désirions pas attacher à ces notes légères plus d'importance qu'elles n'en ont en réalité, il nous parut judicieux de demander l'hospitalité à cette jolie Collection des Guides-Albums Constant de Tours, dont l'allure, l'aspect, le titre même devaient enlever à notre publication toute idée ambitieuse et toute expression ridicule de voyage au long cours.

Ce rapide récit lancé à toute vitesse, en « Limited-writing express », n'a en effet d'autre prétention qu'une excessive sincérité qui risque de déplaire à plusieurs de nos compatriotes. — Depuis longtemps accoutumé aux courses à l'étranger et suffisamment renseigné sur tous les progrès accomplis par nos divers voisins, nous pensons que le véritable patriotisme consiste à regarder au dehors sans aveuglement, à juger sans parti pris, à constater, avec regret mais impartialité, tout ce qui nous manque, et à crier hautement, à tous ceux qui ne sont que trop portés à se croire incomparables, quelle est notre infériorité sur tant de questions d'art pratique, de confort usuel, de locomotion hâtive et d'aisance générale.

Les États-Unis, dans les contrées que nous avons parcourues, nous ont exceptionnellement frappé. C'est non seulement la France, mais encore l'Europe entière qui nous a paru devoir à brève échéance souffrir de l'incontestable puissance industrielle et de l'inquiétante progression de ce peuple hétérogène, indépendant et logiquement vaniteux. Nous avons à peine souligné nos craintes d'un mot frôleur, sans en développer l'importance, nous appliquant à ne pas assombrir un récit avant tout vif, prime-sautier et sans aucune visée politico-sociale; mais quoi qu'il en soit, tout en courant, nous avons semé sur la route tout ce qui nous a semblé se cristalliser en vérité dans la vague alchimie de nos observations.

Puisse donc cet album d'intéressantes illustrations, au travers desquelles flue et se contourne notre texte ainsi qu'une rapide rivière au milieu d'îlots coquets et plaisants, amuser, séduire les sédentaires amoureux des sensations d'autrui! Puissent également ceux-ci ne pas douter un instant de la vérité des petits tableaux sombres ou soleillés qui se reflètent dans le miroir de notre limpide courant descriptif! Les visions de voyage sont soumises à des conditions climatériques morales très tyranniques, et nous jugeons souvent des choses qui défilent sous nos yeux selon nos éclairages intérieurs, dont la clarté est plus impressionnante encore que celle distribuée sur les pays d'alentour par le grand flambeau du monde à travers les ciels plus ou moins tapissés et nuageux de la route.

OCTAVE UZANNE.

LE DÉPART[1]

De tous les Européens, on peut dire que le moins migrateur, le plus casanier, le plus attaché au sol qui l'a vu naître est le Français. — Nul plus que lui n'est, en cette fin du XIX° siècle, mieux fixé à son *home* par le scellement de l'habitude; nul, non plus, ne reste aussi naïvement convaincu que rien dans l'univers ne saurait dépasser en grandeur, en beauté, en pittoresque, en bon goût ce qu'il rencontre ou croit rencontrer en son propre pays. Cela est inné en lui : il y a un touchant atavisme inexplicable qui le veut ainsi.

Arrivée au Havre du train transatlantique.

1. Voir à la fin de l'Album les *Renseignements pratiques* pour ce voyage.

AU HAVRE. — Le chargement des bagages à bord d'un transatlantique.

Le Français possède une sorte de *fakirisme* national qui l'immobilise en sa province. Longtemps ce fut une qualité pour ce peuple sobre, économe et travailleur; mais il faut bien avouer qu'avec le progrès de la locomotion actuelle, la nécessité d'acquérir des notions générales sur une planète en définitive fort restreinte, et dont on a tôt fait le tour, cette stagnation du peuple français risque de nuire à brève échéance à ses industries, à son commerce, à son progrès social, intellectuel et artistique. Le Français ne met pas volontiers le nez à la fenêtre du monde. A peine fréquente-t-il quelque peu chez ses voisins les plus directs ; c'est insuffisant.

C'est ainsi que l'aimable et facile traversée du Havre à New-York apparaît, aux yeux des neuf dixièmes de nos compatriotes, aussi compliquée et dangereuse qu'un voyage au long cours. Ces mots *le Nouveau Monde* demeurent, pour la plupart des citoyens de ce pays d'imagination, synonymes de contrées non policées remplies d'aventures, de campements improvisés, de mœurs sauvages, et il en est peu, parmi nous, qui puissent se déprendre des romancières lectures que les Fenimore Cooper et les Gustave Aimard ont fixées dans leur mémoire, au collège ou dès la sortie de leurs études.

AU HAVRE. — L'embarquement des émigrants.

Nous sommes donc en France, il ne faut pas nous le dissimuler, beaucoup trop indifférents aux choses des États-Unis, et cette indifférence s'enhardit encore des légendes ridicules qui circulent dans toutes les classes de notre société et nous montrent les hommes d'Amérique comme des brutaux, des grossiers, des barbares en un mot, peu susceptibles des délicatesses du goût et nullement raffinés sur les émotions artistiques et spirituelles. — Ce qui peut-être fut vrai hier commence à ne l'être plus aujourd'hui. Il serait temps de faire disparaître un tel malentendu, et, je voudrais que tous ceux qui, comme moi, sont revenus des États de l'Est américain charmés par l'accueil de ceux qui ont apporté tant de confortable et de cordialité dans les relations, je voudrais que tous les Français qu'enthousiasmèrent le sentiment de la vie pratique, les progrès incessants, le goût architectural, l'intelligence du *home*, l'urbanité vis-à-vis des femmes, la grande et large compréhension de toutes choses que montrent les Américains, je voudrais… dis-je, que tous ceux-ci criassent la vérité à leurs concitoyens. Il serait temps d'inciter notre jeunesse curieuse

AU BASSIN DE L'EURE. — Remorqueur de manœuvre pour la sortie du port.
(Vue prise de la passerelle du paquebot la *Champagne*.)

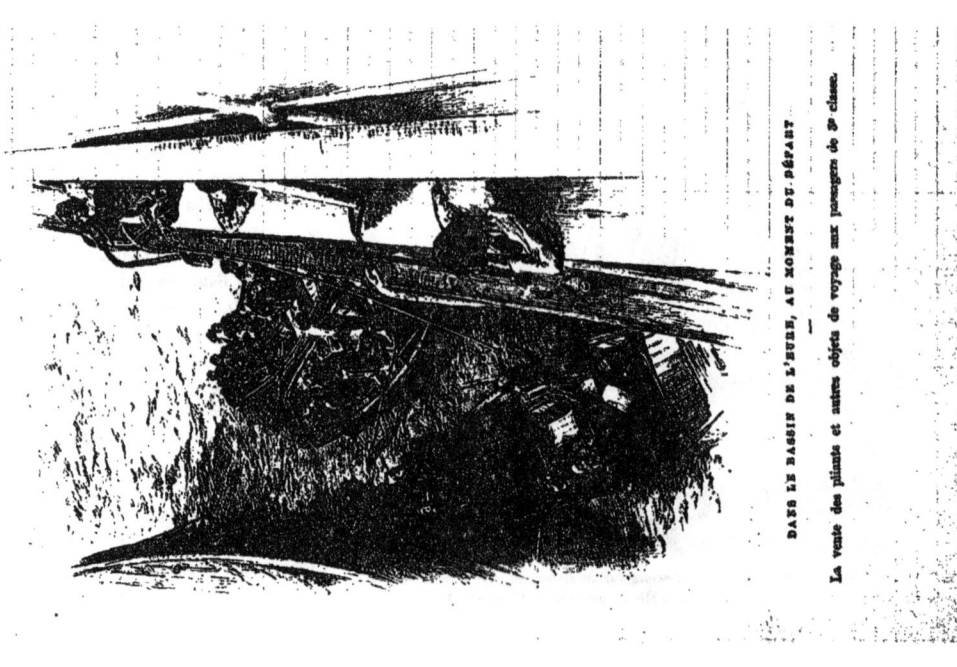

DANS LE BASSIN DE L'EURE, AU MOMENT DU DÉPART

La vente des pliants et autres objets de voyage aux passagers de 3e classe.

et observatrice à aller juger par elle-même de l'incomparable accroissement de ce nouveau monde que Colomb découvrit peut-être pour le malheur de notre Europe déjà si vieille et si empêtrée dans des traditions qui la ruinent peu à peu et ne laissent guère espérer une sérieuse poussée en avant de nos industries routinières et de nos fabriques d'art rétrospectif.

Ce voyage outre-océan est si charmant, si salubre, si gai sur nos aimables bateaux transatlantiques, qu'il n'est pas concevable que si peu de nos mondains français qui vont aux bains de mer l'été ne poussent point leur investigation jusqu'à l'embouchure de l'*Hudson River*, ne serait-ce qu'à titre de cure ou de distraction après les fatigues et surmenages de l'hiver.

La navigation marine apporte aux voyageurs ses effets admirables physiologiques, et les plaisirs du bord ajoutent encore à l'activité éminemment reconstituante de l'air de la pleine mer, infiniment plus pur que celui des plages. « Les mouvements du navire déterminent dans notre économie, écrit un judicieux journaliste, le Dr Monin, une perturbation fonctionnelle, inconsciente et passive, qui consiste surtout dans la contraction permanente de tous nos muscles et dans nos efforts réels, quoique insensibles, pour maintenir notre équilibre. De cet exercice *forcé* dérive l'activité plus vive de la respiration, de la circulation et de la nutrition tout entière. Nous nous livrons, en somme, dans un air sans cesse renouvelé, — mobilisé qu'il se trouve par des vents et par une pression atmosphérique variables, — à un exercice instinctif de tous les instants. Un régime forcément régulier, l'impossibilité des excès et des veilles, la vie calme, poétique et reposante du marin ; l'absence de toute cause d'énervement (soucis d'affaires, nouvelles variées, etc...) ; l'obligation du coucher et du lever de bonne heure, des repas à heure fixe, de l'exercice musculaire dans un air exceptionnellement dense, tonique et sédatif à la fois :

toutes ces conditions réalisent, en résumé, un idéal hygiénique, bien difficile à atteindre sur la terre ferme.

« Un appétit d'ogre, une digestion et un sommeil d'enfant : tels sont les résultats ordinaires du voyage en mer. »

Toutefois, il faudra encore du temps pour galvaniser les Français par groupes importants et les faire traverser chez nos bons amis d'Amérique. Je regrette, pour ma part, sincèrement et profondément, d'avoir attendu d'être un quadragénaire pour débarquer dans cette merveilleuse rade de New-York, dont je ne pourrai de longtemps oublier la splendeur ; mais il n'y a que la première traversée qui coûte, et je reprendrai volontiers le bateau à la première occasion.

La sortie du bassin de l'Eure. (Vue prise à bord du paquebot la *Touraine*.)

LA TRAVERSÉE DU HAVRE A NEW-YORK

Il nous faut vraiment un attachement atavique à nos pénates, une incrustation oxydée par l'habitude dans les us et coutumes du *home* pour considérer comme un voyage de quelque importance cette aimable traversée d'environ onze cents lieues de mer qui séparent le Havre de New-York city.

EN MER. — Sur le pont-promenade des premières.

Sur ces vastes caravansérails flottants qui emportent chaque semaine une fraction d'humanité vers la rive lointaine, sur un de nos solides bateaux en partance chaque samedi, je ne sache pas de partie de plaisir plus saine, d'invitation plus sereine à la philosophie que cette course en plein océan qui crée sitôt entre les habitants de l'arche transatlantique une intimité basée sur les mêmes instincts, nourrie des mêmes faiblesses, assoiffée de ces mêmes besoins qui constituèrent à tous les âges les débuts des sociétés soi-disant policées.

Après la disparition des diligences, dont les « dînées » et les accablantes nuitées en coupé causèrent sous la Restauration tant d'aventures « Paul de Kockesques », je n'imagine point qu'on puisse inventer un milieu plus plaisant et plus suggestif que celui de cet emprisonnement de luxe où se joue, pendant huit jours de vie commune, avec ses hautes et basses mœurs, la repré-

Mer calme.

sentation exacte et tragi-comique d'une petite ville mobile sans variété d'horizon. Si l'exquise et envahissante torpeur qui vous accable ne vous privait de toute volonté, quelles jolies notes à écrire !

Le premier jour, on s'observe, on s'épie, on se devine ; l'homme, comme un chat exilé de ses murailles familières, fait l'inventaire minutieux du bord ; il cherche où se tapir dans une ronronnante intimité pendant cette semaine qui le laisse vague, solitaire et découvré entre les brumes du ciel et la

EN MER. — A l'entrepont des troisièmes.

houle des flots. — Il va tâtonnant de l'un à l'autre, flairant et diagnostiquant ses semblables, et ce n'est guère qu'après vingt-quatre heures que les clans s'établissent, que les groupes se forment, que naissent les flirts sympathiques qui doivent logiquement former, peu de jours après, une société nouvelle avec ses aristocraties, ses réserves, ses égoïsmes et ses médisances.

Ah ! les sottes utopies que celles des réformateurs ! Un bateau n'est-il pas la représentation absolue de l'éternelle fatalité sociale, et, tandis que sur cet entrepont, parmi les fleurs de la table et les élégances raffinées du repas, les mondains, tout à la détente de la vie active, livrés au repos de leurs nerfs, cherchent à allumer l'électricité du plaisir, là-bas, à l'arrière, des émigrants grouillent secoués par les nausées, transis de froid ; et, dans les cales, à quinze mètres du plancher, avec l'odeur fade des huiles chaudes, des équipes d'hommes demi-nus, courbés sur les soutes à charbon, emmagasinent sans trêve, dans les brasiers de trente-deux fourneaux, les éléments comburants qui créent la force motrice de ce petit monde en voyage.

Nous avions à bord, sur la *Gascogne*, confiée à la magistrature dirigeante et énergique de l'excellent commandant Santelli, une population franco-américaine hétéroclite et incomparablement drôle. — D'importants négociants en route pour l'Illinois, parmi lesquels des Tartarins superbes partant avec une prestance prodigieuse, une crânerie conquérante que seul le mal de mer devait se charger d'affoler; des princes étrangers guettés par l'opérette; des New-Yorkais, barons de Gondremarck sur le retour de haute noce, qui narraient d'une voix pleine d'éclairs exotiques leurs *Je m'en suis fourré jusque-là* avec une exubérance de détails propre à dilater les rates les moins sensibles; un sénateur de la Névada à

Une voile à l'horizon.

EN MER. — *Afternoon sleep.*

mine de timbre-poste du temps de Lincoln; d'aimables couturières parisiennes qui apportaient sur le pont leurs maigres grâces de trottins; des dames mûres fourbues par d'inquiétants passés qui semblaient devoir se vouer, au pays de la *Colombienne*, à la remonte de coupables industries; des voyageurs de commerce bruyants avec excès; un consul des plus distingués en partance pour San-Francisco; un ex-député, ex-préfet de police, filant sur Washington en vue d'une hardie tentative financière, des Américains du Sud à têtes de brigands. J'en passe et des plus drôles; et enfin, proche les secondes, un quadrille naturaliste et fin de siècle, composé de quatre échappées du Moulin-Rouge, Mlles *Fanchon, Coquelicot, Macarone* et *Fauvette*, qui défrayèrent longtemps les conversations et les potins du bord et servirent peut-être, avec le stoïcisme de Boule de Suif, à sauver d'une disette de plaisir quelque grave passager anglican, déserteur provisoire de l'Armée du Salut.

Ces huit jours se passèrent sans la moindre monotonie, dans l'éclat des rires, parmi d'incroyables gamineries et de sympathiques flirts à l'heure où les crépuscules berceurs d'âme poussent à deviser des choses du sentiment. C'était à regretter d'arriver; et, sans y apporter aucun esprit de paradoxe, nous eussions aimé prolonger ce repos.

DANS LES PARAGES DE TERRE-NEUVE. — Un coup de froid.

ARRIVÉE A NEW-YORK

La traversée avec vents debout, brouillards et coups de mer fut cependant, sinon mauvaise, du moins pénible pour beaucoup. Le soleil brillait le matin de l'arrivée, le ciel était radieux et, sur la croupe des vagues heureusement calmées, il semblait que l'hélice chantât allégrement l'hymne de sa délivrance prochaine.

Tout le monde avait sauté, dès l'aube, hors de ses cadres et, sur le pont, on ne voyait que figures épanouies ; on n'entendait que des voix vibrantes de gaieté. Beaucoup d'inconnus parmi ces tôt levés : c'étaient les victimes des vertiges stomacaux

CRÉPUSCULE EN MER.
La rêverie à bord.

— 14 —

Émigrants à bord d'un paquebot allemand.

que l'affreux mal de mer avaient tenus jusque-là emprisonnés dans leur cabine. Déjà, par tribord, la terre apparaissait indécise, puis, peu à peu, plus lisible à l'œil ; la *Gascogne* filait avec un bercement coquet entre les deux îles de Staten Island. Trois heures s'écoulèrent ; le spectacle aux approches de Sandy-Hook se montra d'une grandeur dont aucun site européen, — fût-ce la baie de Naples ou celle de Bougie, — ne saurait imposer la plus lointaine comparaison ; la vue de cette première baie de New-York, avant d'atteindre l'estuaire de l'Hudson, est au-dessus de toute peinture ; le regard y fixe l'image d'une immensité glorieuse, l'Amérique semble y ouvrir noblement ses bras fraternels au vieux monde fatigué, et la nature prête à l'illustration de ce symbole l'une des plus belles pages de son keepsake pittoresque.

Un bateau allemand, chargé d'un millier d'émigrants, stoppait au large ; son pont sup-

DANS LA BAIE DE NEW-YORK.

portait une fourmilière d'hommes qui poussèrent, à notre approche, des hourras étourdissants. Au loin, de blancs voiliers sillonnaient la rade, de petits vapeurs en forme de sabots pontés filaient prestement vers le port de New-York; l'un d'eux vint au-devant de nous; la *Gascogna* s'arrêta : nous saluâmes la *Santé*, cette vigilante gardienne du « choléraphobisme » qui torture les Yankees. Puis vinrent les postes, la douane ou *Custom House*, et, après une heure de formalités diverses, le bateau reprit lentement sa marche vers le milieu d'un panorama à chaque instant plus chargé de décoration et de couleur.

Nous passâmes devant cette lourde statue de la Liberté, qui, je suis au regret de le dire, n'a ni élancement ni noblesse sur son massif et banal piédestal, et, au travers d'un sillonnement incroyable de *ferry boats*, de barques et de vapeurs bostoniens ou albanyens de grande allure, nous atteignîmes la *tente* de la Compagnie générale transatlantique, où quelques rares personnes, en un dimanche radieux, attendaient les arrivants de France.

A NEW-YORK. — La « tente » de la Compagnie générale transatlantique sur l'Hudson.

A NEW-YORK

PREMIÈRES IMPRESSIONS

Ah! cette première sensation de New-York, combien intense, bizarre et ahurissante! — Ne m'avait-on pas vanté partout avec excès le muflisme solennel et le mauvais goût des Américains? N'entendais-je pas encore ces phrases courantes dont avait vibré mon tympan à la veille du départ : « — Comment, vous, un sensitif, un artiste, pouvez-vous aller dans ce pays des brutalités esthétiques? Qu'en rapporterez-vous, sinon une tristesse, une désillusion, un effondrement de toutes vos délicatesses froissées ? »

Je me méfiais bien un peu, sachant que mes compatriotes n'aiment pas à regarder beaucoup plus loin que le bout de leurs caps, et je me disais que, épris de la vie anglaise moderne, dont nous médisons souvent, passionné pour son architecture naissante, pour son confort plein de goût, pour sa sociabilité exquise, pour ses campagnes paisibles et ses intimités heureuses, j'avais, sur beaucoup de mes amis, l'avantage, — si c'en est un, — de ne plus porter ou sentir les langes ni le bandeau des préjugés du berceau.

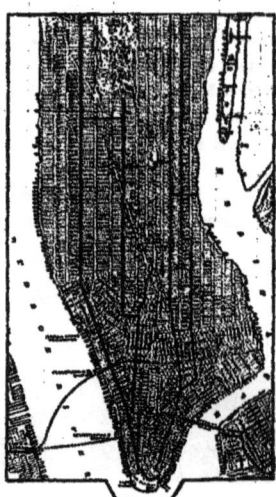

Réduction du plan de New-York.

N'avais-je point raison, puisque ce New-York, avec ses maisons de briques rouges ou de granit rose, ses édifices géants, sa vie formidable et aisée, m'empoigna si profondément dès l'arrivée que j'oubliai d'en regarder les envers! Quelle activité locomotivée! Quelle surprenante cité du prochain xxe siècle!

Ce n'est déjà plus Londres, bien que l'empreinte et l'imitation anglaises se montrent partout : ce serait plutôt comme un compromis entre Melbourne et la capitale du Royaume-Uni ; mieux encore, c'est New-York, ville extra-originale. — Comment un Parisien, qui assiste pendant huit ans aux byzantines discussions de la reconstruction de l'Opéra-Comique, ne s'enthousiasmerait-il pas pour cette *urbs* immense, sortie vraiment du

NEW-YORK. — City-Hall Park.

sol depuis cinquante ans et qui voit chaque jour éclore des avenues incomparables, des palais gigantesques, des quartiers improvisés, cela sans bruit, sans luttes, sans bavardages vains ou commissions stériles? Comment aussi un journaliste pourrait-il résister aux ressorts huilés de cette existence ultra-pratique, dont tous les rouages sont combinés de façon à éviter à l'homme les diverses fatigues imbéciles, les stages déprimants, les pertes de temps cruelles, les inutiles vexations qui, à Paris, endomestiquent nos fonctions et paralysent toutes nos libertés d'action?

A l'Hôtel. — Je fus loger dès le lendemain de l'arrivée dans un hôtel ouvert depuis une quinzaine et construit en moins de trois ans : *The Waldorf*. Le millionnaire Astor a voulu s'offrir le luxe de faire sortir de terre, en pleine Cinquième Avenue, un château des contes de fées dont le monde entier envierait la splendeur. Il a consacré cinq millions de dollars, presque le prix de notre Opéra, à la réalisation de son projet, et déjà tout New-York afflue dans ce palais d'Aladin, soit pour y loger, soit pour y dîner en gala dans un décor éblouissant et qui surpasse en beauté ornementale, en délicatesse de style, en luxe affiné, tout ce que

UN HÔTEL A NEW-YORK. — The Waldorf.

l'imagination la plus outrancière et la plus orgiaque comme création palatiale pourrait inventer. L'immeuble atteint les hauteurs de Notre-Dame; il contient dix à douze étages et, des chambres élevées, le panorama de New-York est « eiffélien ». Sur les sept à huit cents chambres avec salles de bain, entrées et salons, pas une seule n'est semblable. Un homme qui possède le génie de la décoration mobilière, et dont j'ignore le nom, a tout installé dans les styles divers que l'histoire de l'architecture nous a légués; et, c'est ici que j'insiste, le goût qui s'y reflète, depuis la moindre chaise jusqu'à la lampe électrique ou au tapis de pied, est d'un sentiment d'art si subtil, si ingénieux, que l'artiste le plus évanescent dans la sensation des tons s'y complaît et s'y pâme de plaisir.

Je voudrais que notre École des arts décoratifs envoyât ici une commission de dessinateurs; car un livre illustré tout entier ne suffirait pas à la description de cette demeure vraiment princière dont chaque locataire d'une nuit, d'une semaine ou d'un mois peut se croire avec vanité l'Astor ou le Vanderbilt, tant la vie à tous points de vue y est royalement ordonnée.

Dans la Cinquième Avenue.

Et l'arrangement pratique ! Que dirais-je de ces six ascenseurs électriques qui, en moins de temps qu'il ne faut pour respirer, conduisent aux sixième, septième ou dixième étages, dirigés par des électriciens vêtus comme des amiraux russes? Les lettres partent du vestibule de chaque chambre pour tomber sans accrocs au bureau central ; les cartes de visite des amis qui s'enquièrent de vous *down stairs* sont aspirées pneumatiquement en une demi-seconde jusqu'à la chambre du visité ; la lumière électrique, distribuée à profusion dans les lampadaires les plus fantastiques, s'allume et s'éteint à volonté, et, de son lit, sans bouger, l'on ferait mouvoir le monde.

La chaleur amortit, dans la maison, l'effet des variations extérieures; l'eau chaude et froide circule partout sans occasionner le plus petit borborygme dans la muraille; — la féerie est complète, car tout est prévu, aucun effort, plus de surmenage; les nerfs béatifiés cessent de vibrer avec leur acuité et leur vigueur européennes, car l'obstacle physique n'existe plus et le cerveau de l'homme, déshabitué du souci de l'effort, s'élève comme un aérostat délesté de toutes surcharges parasites.

Hélas ! le retour dans notre vieille Europe vieux jeu ne semblera-t-il pas bien pénible après l'élasticité de cette existence moulée sur notre indolence native?

La vie à New-York. — Dès l'arrivée, je m'étais vu enveloppé, choyé, gâté par des amis connus ou inconnus, et à chaque instant je trouvais des lettres d'invitation, des cartes d'admission dans les principaux clubs. Je

BROADWAY
vu de l'église de la Trinité.

n'avais pas encore défait mes malles que je me trouvais engagé pour huit jours, matin et soir ! Comment résister à tant de cordialité, à des offres de service et de camaraderie si primesautières et si sincères ?

Il faut néanmoins, je le pus constater, un tempérament de fer, malgré l'abondance et la succulence des lunchs sans cesse renouvelés, pour résister à la vie follement active de New-York ; l'existence parisienne, que nous jugeons déjà si fiévreuse, apparaît, en comparaison, comme une douce flânerie d'êtres plus occupés à regarder, à bavarder, à subir toutes les sensations de l'ambiance, qu'à courir au but d'un pas net et accéléré.

C'est ici un torrent furibond d'hommes emportés par le constant souci d'arriver ; aucun arrêt dans ce flot humain descendant le matin vers la basse ville pour remonter le soir vers le *home* avec autant de hâte que de mutisme. Les rues, peuplées de gens entraînés à la course, ne sont troublées que par le bruit incessant des cars, des fourgons, des cabs ou le roulement sans fin des *trams* et des

A NEW-YORK. — Travailleurs en tabliers-pantalons.

elevateds. La voix ne s'y fait entendre ni pour ébaucher un refrain populaire, ni pour un appel, ni pour un échange de quelque causerie orchestrée par la sonorité du rire ; chacun va muet à son but, automatiquement, comme un somnambule suggestionné, et j'éprouve, j'en conviens, dans cette cohue silencieuse, malgré l'inquiétante poussée de ces *business men*, comme une détente, infinie au sortir du méridionalisme, exubérant de verbiage, dans lequel nous dépensons le plus par de notre génie national.

New-York est au surplus admirable à observer de soir et de jour, avec son mouvement qui se ralentit à peine après minuit, car les chemins de fer et les railways fonctionnent sans aucune interruption, au gré des noctambules, de minuit à six heures du matin.

Par ces premières journées de clair

NEW-YORK. — Le chemin de fer élevé de la Troisième Avenue.

soleil d'avril, c'est un émerveillement que de descendre Broadway, dans le joli décor des maisons rouges et blanches surmontées d'oriflammes multicolores qui clapotent sous le vent. Il y aurait toute une physiologie à écrire sur cette grande voie centrale, depuis le *Park* jusqu'au *City-Hall*, tant y sont variés l'allure, l'aspect, les manières des gens qui fréquentent les latitudes comprises entre la 54e et la 1re rue.

Aux environs de Madison Square, le mouvement est encore mondain. Des femmes élégantes, en toilettes un peu surchargées et d'un goût médiocrement sûr, circulent, empressées, pour le *shopping*, sans bruit, raides en leurs atours et toujours seules, c'est-à-dire sans hommes, car, entre elles, ces reines incontestées du nouveau monde, protégées et respectées de tous, agissent *garçonnièrement*, s'invitent à l'hôtel pour le lunch, ou le soir pour le théâtre, sans avoir jamais à craindre des hommages indiscrets ou des poursuites masculines qui, parfois, il faut le dire, sembleraient justifiées.

NEW-YORK. — Dans Broadway.

Un peu plus bas, après avoir dépassé Union Square, le mouvement de Broadway s'accentue, la population change, la vie s'accélère, et, pour peu que l'on poursuive jusqu'à l'extrémité de ce vaste boulevard sans boulevardiers, on rencontre un *cheap side* exaspéré, une cité londonienne décuplée et sans exemple dans l'ancien monde, dont l'exubérante activité ne saurait mieux être comparée qu'à celle d'une fourmilière dans laquelle un gigantesque coup de pioche viendrait de mettre à jour les innombrables galeries.

La vie ne s'arrête pas là. Elle franchit l'estuaire sur ce pont merveilleux de Brooklyn où, sur quatre voies parallèles, circulent piétons, voitures et wagons avec un mouvement d'enfer. Elle envahit ce faubourg, qui, il y a vingt ans, comptait à peine quelques

Statue de Lafayette.

UN COIN D'UNION SQUARE.

Statue de Washington.

milliers d'habitants, tandis que, d'après le dernier recensement, cet ancien village annexable à New-York nombre à cette heure un million de population. — Un livre entier ne suffirait pas à contenir la série d'observations que suggère la vie new-yorkaise ; il faut renoncer à commu- niquer à ceux qui ignorent encore cette ville phénomène la perception de ses splendeurs, de son organisme et de son fonctionnement perfectionné et pour ainsi dire féerique aux yeux d'un Européen.

J'avais, avant de mettre le pied sur le sol de l'ancienne *New-Amsterdam*, lu, regardé, compulsé, annoté bien des ouvrages anglais et français ; je dois dire que ni les textes, ni les illustrations, ni les photographies n'avaient fixé sur mon gélatino-

LE PONT DE BROOKLYN. — Les quatre voies.

bromure cérébral un cliché approximatif de cette stupéfiante réalité.

L'Art décoratif. — A ceux qui nient systématiquement, ou même par une légende trop aisément colportée, la grandeur, le goût, je dirai même l'art de ce pays, j'opposerai l'infinie variété architecturale des maisons nouvelles ; le luxe foisonnant d'ingéniosité décorative de ces façades de granit, de marbre ou de briques, je dirai les merveilles ornementales des salles intérieures dans les logis les plus modestes, sans oublier de mentionner la surprenante éclosion de styles nouveaux dans l'architectonique et le mobilier. Si le XIXe siècle doit laisser une trace comme architecture typique et comme décoration originale, ce ne sera certes pas la France ni l'Allemagne, — plutôt l'Angleterre, — qui en fourniront les modèles ; ce sera bien à coup sûr cette Amérique improvisée, dont la ploutocratie a su s'assimiler le génie d'innombrables artistes européens repoussés par la tradition, la routine et les radotages éternels de leurs compatriotes, trop aisément aveuglés par le sens imbécile et stérilisant du rétrospectif.

L'Europe ne serait-elle plus qu'un reliquaire de l'art ancien ? Cette pensée, ou plutôt cette croyance, tendait alors à s'affirmer en moi, tant à chaque pas je fus frappé par toutes les manifestations d'un sentiment d'art nouveau sur toutes ces pierres fraîchement dressées, et aussi

L'église de la Trinité et Wall street.

dans tous les enjolivements simples et harmonieux qui concourent avec beaucoup de grâce et d'esprit pratique à la décoration de la vie domestique.

Ce n'est pas à dire que les Américains aient individuellement un goût fort affiné, je ne le pense point et j'en trouve le témoignage dans la toilette féminine, dans les expositions des boutiquiers et aussi dans ces médiocres statues et tableaux dont certains bourgeois décorent leurs demeures. Il en est de même un peu partout, et je ne sache pas que nos excellents bourgeois révèlent un goût quelconque dans l'arrangement de leur intérieur; mais je veux juger sur la collectivité d'esthétisme d'une grande ville et sur l'ensemble des efforts accumulés; — sur ce point et *dans le sens exclusivement moderne*, les New-Yorkais nous surpassent, à ma particulière opinion, de beaucoup indiscutablement.

En visitant l'admirable collection de W.-H. Vanderbilt où triomphent, à côté d'un glorieux Turner, *la Fontaine d'indolence*, nos plus célèbres Meissonier, nos Millet, nos Decamps, nos Dupré, Rousseau, Troyon, Diaz, et aussi nos Detaille, j'étais émerveillé par la beauté sobre, par la somptueuse originalité du palais qui contient tant de chefs-d'œuvre. Un inconnu, Richard-M. Hunt, me dit-on, a construit cet édifice de milliardaire avec carte blanche pour l'ordonnance, et il a exécuté une princière demeure, purement XIXe siècle, sans rappel de style, sans fracas d'ornements, un vrai nid de collectionneur, digne d'émouvoir tous ceux de nos compatriotes pour qui l'idée d'une rénovation de notre enseignement artistique est particulièrement chère, et qui voudraient sortir du convenu à tout prix. Ce n'est plus dans une École de Rome qu'il ferait bon d'envoyer nos architectes et nos décorateurs, mais dans un centre moderne comme New-York; à défaut de styles anciens, ils y sentiraient, au milieu d'inventions parfois baroques, le coup de fouet du modernisme et de l'originalité à outrance.

Cette opinion, pour paraître paradoxale et intransigeante, sera, croyez-le bien, généralement considérée comme saine avant vingt ans d'ici, et j'en assume aujourd'hui bien volontiers l'apparent ridicule.

C'est dans les clubs, les hôtels, les théâtres qu'il faut également remarquer de toutes parts le confort et le génie décoratif des Américains.

Le Yankee a un amour effréné et bien logique pour le nouveau; à ses yeux, un bâtiment qui date de quinze années est frappé de discrédit et doit être inexorablement *mis à bas* et reconstruit. Un avocat distingué de New-York ne m'affirmait-il pas récemment qu'il était question de décréter la démolition de tous les hôtels bâtis depuis quinze ou vingt ans.

Quelques églises à New-York.

Comme je me récriais, implorant la clémence pour ces énormes et quelquefois magnifiques monuments, ayant coûté chacun des millions de dollars, mon hôte fut intraitable : « Mais, mon cher monsieur, ajouta-t-il, l'argent pour nous ne fait rien en cette question, l'hygiène prime tout : un hôtel qui a été habité pendant quinze ou vingt ans par des successions de voyageurs est microbé à fond ; cela ne fait pas de doute ; de plus, sa modernité, son confort, son fonctionnement ne sont plus à la hauteur des révolutions industrielles du jour. — Il est nécessaire qu'il soit rebâti de fond en comble ! »

Le climat de New-York exige d'ailleurs des procédés de construction autres qu'en France. Une ville qui compte 35 et parfois même 40° à l'ombre en été et 20 à 25° de froid en hiver doit se protéger par un système d'architecture d'aérifères et de calorifères tout à fait spécial. — De ce principe naît cette chaleur uniforme qui règne dans les maisons, et qui est même excessive dès que les beaux jours sont venus, chaleur douce, enveloppante, agréable pour tous les soins intimes du *home*, et qui permet l'ouverture des fenêtres par le froid le plus vif. Toutefois, je crois qu'il faut attribuer à ce calorique trop largement distribué l'inquiétante soif qui pousse tous les Américains à un usage immodéré de la glace, tellement entré dans les habitudes aux États-Unis que dès qu'une ville se fonde, il s'y établit une fabrique de glace, en même temps qu'un hôtel, une banque, une école et une église. On ne saurait imaginer la place extravagante que les boissons glacées occupent dans les hôtels, chemins de fer, bateaux à vapeur, pharmacies, théâtres et autres endroits publics ou privés. Un humoriste yankee fera sans doute paraître un jour une *Physiologie de la glace en Amérique* ; un livre y suffira à peine, mais l'auteur peut être assuré d'un succès colossal.

Après avoir flâné toute une journée le long de Broadway, dans la Cinquième Avenue et quelques autres voies parallèles, après avoir déjeuné chez l'illustre Delmonico, lunché à *Holland House*, dîné au *Brunswick*, où je goûtai la *Terrapin* au *Canvas back duck* et autres plats renommés, je me rendis, le second jour après le débarquement, en un majestueux et moelleux landau, faire la promenade de rigueur au Central Park et à la Rivière du Nord.

Le Central Park et le River Side. — Le Central Park, situé dans l'ancienne ville haute, et qui bientôt en effet occupera le centre de la grande cité, n'a certainement pas l'ampleur de notre bois de Boulogne, mais il a cependant un caractère très original ; il est dessiné avec goût, par un ingénieur français dit-on, et le pittoresque est loin de manquer à ses avenues spacieuses, à ses pelouses d'un vert sur-

A NEW-YORK.
Une pharmacie
débit de boissons glacées.
(*American drinks.*)

prenant, à ses vallonnements où de larges enrochements sauvages, de jolies cascades, de clairs ruisseaux aux sinuosités coulenvrines apportent des physionomies et des perspectives variées et amusantes ; il possède également un jardin zoologique, des restaurants, des bars, des lieux de plaisance, et rappelle par certains coins les parcs et jardins de Kew consacrés aux plaisirs publics du dimanche dans les environs de Richmond, sur les bords de la Tamise.

Admirablement entretenu, d'une verdure exquise inconnue à nos pays, le Central Park serait peut-être plus idyllique en diverses parties de ses plantations que notre domaine de Boulogne, si des nuées d'enfants, de joueurs de tennis et de foot-ball ne le gâtaient pas aux jours de beau soleil et de fêtes publiques. Des statues souvent médiocres décorent ses quinconces, des barrières, pylônes, escaliers, pavillons, d'une architecture style Père-Lachaise, gâtent quelques-uns de ses districts ; mais ses gazons sont merveilleux, éclatants de fleurettes et tout remplis d'oiseaux, de merles, de pierrots, de colombes et principalement de jolis « capucins » qui emparadisent ses délicieux parterres.

Les écureuils non plus n'y sont pas rares ; ils vont, viennent, sautent, se lutinent, gambadent et montrent le panache frissonnant de leur queue presque sous les pas du promeneur.

Les arbres de diverses essences inconnues chez nous m'émerveillèrent par leur basse structure « en bouquet », par l'aspect foisonnant et curieusement contorsionné de leurs branches. Il y a là des chênes verts de l'Ohio, des peupliers ontariens, des érables à sucre, des platanes rouges, des liquidambars copal, et vingt autres espèces, d'une vigueur et d'une beauté surprenantes. Il paraît qu'à l'automne, on voit fleurir au Central Park des asters, des vernonies, des solidages du Canada qui éclairent et égayent l'ombre des taillis. — Et dire que nous n'avons pas en France cette aimable série de fleurs automnales !

Le Central Park offre encore cette particularité qu'il est sillonné par les plus coquets équipages du monde. — Jamais je ne vis, ni à Londres à Hyde-Park, ni à Vienne au Prater, ni à Bruxelles au bois de la Cambre, des attelages aussi légers, aussi intelligents de simplicité, aussi parfaits de forme et de confortable. Quels élégants buggies et quels rapides chevaux que ceux du Kentucky! qu'ils m'ont semblé fringants, coquets, admirables!

Au sortir de ce Park qui vaudrait une description moins sommaire, je me fis conduire à la *River Side*, qui est bien la plus grandiose promenade dont puisse s'enorgueillir une capitale. L'Hudson presque à son entrée dans l'estuaire de New-York se trouve superbement encaissé entre deux hautes collines, et son ruban large de plus de deux kilomètres serpente dans un des plus merveilleux panoramas qui se puissent rêver. C'est sur les hauteurs de la rive d'est, à cette même place où va s'élever le monumental tombeau du général Grant, que les New-Yorkais, avec une hardiesse qui ne connaît pas

Dans Central Park.

d'obstacles, ont ébauché une sorte de boulevard en corniche qui sera bientôt sans égal dans le monde entier.

Déjà des rochers ont sauté; la voie est carrossable, et, en bordure, à cinquante mètres de la route, s'élèvent des villas, des châteaux, des maisons de plaisance d'un style architectural amusant et rare, d'une invention très caractéristique dont il me plairait infiniment de parler plus au long, car il faut bien avouer que nos architectes sont en arrière d'un siècle comme goût et ingéniosité dans l'art d'asseoir des maisons agréables à regarder sur toutes leurs faces et tous leurs profils.

Pendant plusieurs milles, le *drive* sur le *River Side* cause les plus vives émotions à l'excursionniste, le décor change à chaque instant; avec le mouvement des énormes bateaux, voiliers, vapeurs et chalands qui sillonnent l'Hudson (plus large en cet endroit que le Danube à Widin ou à Calafat), la rive opposée se transforme à chaque détour de route, et la perspective du fleuve tout là-bas, en remontant vers *West Point*, s'allume aux reflets du soleil de couleurs multicolores qui éblouissent le regard.

NEW-YORK.

Le port sur l'Hudson.

Après avoir traversé l'extraordinaire pont de Washington récemment construit et qui est une des curiosités réelles de New-York, je revins lentement en suivant les bords de cette jolie rivière de Harlem, — souvenir de la New-Amsterdam, — qui serpente poétiquement à travers un paysage dont les points de vue conservent encore par endroits un aspect vraiment hollandais.

Les principaux clubs. — Je visitai ce soir-là et jours suivants quelques clubs qui ne laissèrent pas que de me surprendre par un confortable, une entente supérieure de la vie phalanstérienne que les Anglais n'ont certainement point encore portés aussi loin.

Je parcourus, en compagnie de membres influents de ces divers clubs, gentlemen prompts à commander le champagne et à le sabler en de larges verres, l'*Union League Club* à la Cinquième Avenue, l'*Union Club*, le *New-York*, le *Knickerbocker*, le *Calumet*, le *Century*, l'*University*, où je soupai; le *Grolier*, cher aux biblio-

New-York. — Washington Bridge et High Bridge sur la rivière de Harlem.

philes ; l'*Aldine*, toujours aimablement fréquenté par les éditeurs, imprimeurs et auteurs, le *Racquet Club*, où tous les sportsmen luttent, s'entraînent et se douchent, et enfin le *Player's Club*, ou club des acteurs, établi, à l'imitation du *Garrick* de Londres, dans la propre maison du célèbre Edwin Booth, mort depuis en laissant à ses confrères le délicieux immeuble où il passa les dernières années de sa vie.

Je ne pense pas qu'en aucune autre ville du monde, sauf à Londres, on ait pu réunir en de véritables petits palais un tel goût d'arrangement, une distribution plus intelligente pour tous les divers besoins de la vie, je dirai même un art décoratif plus sobre et mieux approprié à la nature des salles. C'est la perfection même, et, à fur et à mesure que je poussais mes investigations d'un style de club à un autre, je demeurais confondu, émerveillé, bouleversé dans mes idées européennes.

Aucun de ces clubs ne répète ou n'imite l'architecture, la division, la forme, le genre d'un autre club ; chacun d'eux a son caractère distinctif, sa facture homogène, sa décoration privée.

L'*Union League*, le plus célèbre de New-York, a grande allure ; il occupe tout un corps de bâtiment sur la Cinquième Avenue et correspond en quelque sorte à l'*Athenæum Club* de Londres. La diplomatie, la finance, la politique s'y donnent rendez-vous dans des salons élevés et somptueux, comme peu de palais, de ministères et d'ambassades peuvent en offrir à l'admiration des visiteurs.

Le *Knickerbocker*, le plus ancien club de New-York, celui qui réunit encore les noms des plus anciennes familles de la cité primitivement hollandaise, est plus simple comme organisation ; il est honorable toutefois d'y être admis comme membre, car il n'appartient guère qu'aux personnalités les plus en vue d'y avoir accès.

Le *Century*, tout nouvellement construit, est d'une installation très heureusement comprise ; la bibliothèque, les salles de dîners, les fumoirs, les salles de jeu, la galerie de tableaux ne laissent rien à désirer au point de vue du goût. Jamais les demeures des plus difficiles patriciens de Venise ne furent plus largement comprises et distribuées. L'*University*, près de Madison Square, est aussi complet que possible comme confortable; sa *library* est abondante et invite à l'étude, ses *dinings rooms* et ses salles de fête sont d'une rare magnificence ; il n'est pas jusqu'à ses jeux de boules et jeux de quilles, ses galeries d'escrime et de boxe qui ne présentent un aspect d'élégance et de suprême chic.

Le *Racquet Club*, par exemple, a fourni un nouveau thème à mon étonnement admiratif; à Paris nous le nommerions le *Molier Club*, car c'est le cercle par excellence des gentlemen acrobates, boxeurs, experts au tennis, enragés d'escrime ou de cheval; et dans sa distribution on a largement fait la part aux exercices physiques. D'immenses halls sont exclusivement consacrés à tous les sports imaginables et, à la portée de cette série de gymnases, vingt à trente salles

A NEW-YORK.
Les petits patineurs à roulettes de Park Avenue.

de douches sont, pour ainsi dire, en batterie prêtes à refaire l'énergie des lutteurs épuisés par l'effort humain pour la conquête du muscle.

Au premier étage on dîne, on joue honnêtement au poker, on lit, on cause, on entend de la musique de chambre et des concerts improvisés, tout l'*utile dulci* de la vie. On pourrait ne point sortir de ce club éminemment pratique et y acquérir une force de Milon de Crotone.

Je n'ai fait qu'entrevoir le *Grolier Club*, qui semblait cependant devoir m'intéresser plus que tout autre ; mais l'esprit de l'homme a ses mystères, et la bibliophilie m'épouvante en voyage comme une angoissante évocation de ma vie sédentaire torturée *at home* par la création du livre sous toutes ses formes ; je ne vis donc que l'extérieur, la jolie reliure armoriée de cette maison peuplée d'esprits distingués et d'amateurs riches et éclairés. A quelque prochain voyage j'y pénétrerai, ne serait-ce que pour y presser la main des amis inconnus qui m'y attendent.

Le *Player's Club*, avec son public d'acteurs, d'artistes peintres, de journalistes, m'ouvrit ses portes à plusieurs reprises ; la maison n'est pas immense, mais elle apparaît riante, charmante, pittoresque, semblable à quelque joli cabaret anglais du temps de Rowlandson ; c'est bien en effet le club affectant un style de taverne consacrée à l'art, le club auberge folle dont l'apparence rappelle les cabarets qui entouraient naguère à Londres le vieux théâtre de Drury-Lane.

Au premier étage, une remarquable bibliothèque exclusivement théâtrale s'ouvre aux recherches des curieux, et un peu partout, dans les salles, couloirs, escaliers, parmi des tapisseries et objets d'art, des portraits peints, dessinés ou gravés, du grand patron Edwin Booth, de Fetscher, de Jefferson, de Irving et de vingt autres comédiens célèbres, depuis Kemble et Kean jusqu'aux plus modernes acteurs.

La salle des soupers au rez-de-chaussée, décorée de faïences, de brocs d'étain, d'images enluminées grossièrement, de vieilles affiches de théâtre, de vitrines où se flétrissent des couronnes et des trophées de soirées triomphales pour Booth, cette salle à manger est d'une gaieté pantagruélique ; elle invite à engloutir les plus épais *welsh-rare bits* ou *Golden bucks*, afin de les largement arroser d'ale en pintes ou de dry champagne mis en broc.

Beaucoup de bruit, d'éclats de voix, de vibrantes causeries dans cet aimable petit *Player's Club*, qui mériterait bien sa monographie, non moins que les autres cercles de cette étrange ville de New-York si intéressante lorsqu'on on s'y attarde.

Un ferry-boat.

New-York compte encore parmi ses illustres clubs le *Saint-Nicholas*, qui est très exclusif et qui ne reçoit que les vieilles familles de la cité ; pour en faire partie, il est nécessaire d'avoir fourni la preuve que ses ascendants résidaient à New-York avant 1785.

Le *Manhattan* est le club des démocrates comme l'*Union League* est celui des républicains. Parmi les cercles littéraires, citons le *Lotos*, le *Authors* où vont les écrivains, le *Fallowscraft* où se réunissent les journalistes, le *Lawyers*, club des avocats et des hommes de loi.

La plupart des gentlemen un peu cotés de la grande cité américaine font partie de six, huit, dix et même vingt clubs; il en est qui payent du fait de ces cotisations multiples cinq à six mille dollars par an, sinon davantage; j'ajouterai même que ces clubmen universels sont ceux qui fréquentent le moins les élégants phalanstères auxquels ils sont associés, mais ils considèrent comme une nécessité sociale ou plutôt mondaine d'avoir leur nom inscrit un peu partout.

Les étrangers de marque bénéficient de leur situation passagère et reçoivent des invitations temporaires aisément renouvelables. Dans certains clubs, ils obtiennent même le logement

« LE VENTRE DE NEW-YORK. » — The « Farmers » and the « West Washington » markets.

dans des conditions relativement exceptionnelles, si l'on considère le confortable qu'ils y rencontrent tant pour le local que pour la nourriture, la domesticité et toutes les facilités courantes d'existence.

Tous les journaux et revues du monde entier arrivent régulièrement dans les salles de lecture qui sont spacieuses, assourdies par d'épais tapis, munies de fauteuils qui adoptent tous les mouvements du corps. Les bibliothèques sont aussi vastes que celles de nos villes de province et toutes pourvues d'un catalogue par fiches mis à la disposition des travailleurs. Ce sont des Edens que ces clubs dont aucun Parisien ne saurait se faire une idée, car, en dehors de l'*Épatant*, les clubs de Paris n'existent guère ; ce sont généralement d'aimables et mesquins tripots qui ne se soutiennent que par les bénéfices de la cagnotte.

Les théâtres de New-York. — Les théâtres new-yorkais sont innombrables ; je m'appliquai durant mon séjour à en visiter plusieurs par soirée, sans parvenir à les passer en revue pour un quart. Il y en a partout, dans le centre et dans les faubourgs. Les salles sont intelligemment construites en amphithéâtre, avec un esprit égalitaire qui n'admet pas qu'il y ait de places inférieures. De toutes parts on découvre entièrement la scène. L'électricité éclaire à profusion et les jeux de lumière

PONT DE BROOKLYN. — L'avenue des piétons.

sont si bien réglés que la salle passe du clair-obscur à l'éclatante lumière avec de lentes et normales transitions.

Pas d'ouvreuses. Quel progrès ! — Des dégagements faciles, des loges bien situées et sans surcharges de tapisseries accapareuses de poussière; une décoration simple, élégante, exempte de bas-reliefs, de mascarons et de pâtisseries dorées. C'est l'idéal du bon goût et de l'hygiène.

Bar en Amérique.

Un bon cocktail.

Je ne dirai rien des pièces de comédie sérieuses dont les troupes de Palmer, de Daly et de

Frohmann exploitent le genre dans tous les États-Unis ; ce sont généralement des traductions ou des démarquages de nos succès parisiens. Sardou, Dumas, Pailleron et les auteurs dramatiques de la jeune génération sont fort appréciés par le public après les modifications nécessaires apportées dans leurs pièces, car il est difficile, — la compréhension des mœurs différant absolument dans les deux pays, — de faire admettre outre-Océan les intrigues dérivant de l'adultère, les exploits de la cocotte et toutes ces traditions de ménages multipliant les coups de canif du contrat qui, chez nous, embrouillent le fil de l'action sans nuire à l'effet concentré du comique. L'Américain, qui possède le *divorce,* est positif ; le divorce doit tout dénouer, pense-t-il la pièce cesse donc d'exister du moment où deux coupables époux, mis en scène, n'y ont pas recours.

Le théâtre vraiment original et plaisant chez eux, à mon sentiment, c'est la farce ou l'opérette burlesque ; ils y apportent un ragoût excentrique dont la note est loin de me déplaire : c'est la clownerie imprévue, véhémente et funambulesque. Dans presque toutes les opérettes, le ténor, le baryton, la divette sont des clowns accomplis ; au sortir d'une romance, d'une ariette ou d'un

Sandwiche walkers.

duo on les voit tout à coup se démener avec des gestes épileptiques, danser la gigue, marcher sur les mains, se gratter le nez du pied, faire le saut périlleux et, comme si de rien n'était, reprendre imperturbablement un refrain interrompu ou ébaucher, d'une voix que tant d'efforts n'ont pu briser, un rondeau difficile ou une chansonnette ponctuée de trilles ou de sifflements imitateurs d'oiseaux.

Les baisers en scène ne sont pas simulés : acteurs et actrices dans les rôles amoureux se campent carrément un baiser bouche à bouche, muqueuse sur muqueuse, sans que le public, d'autre part si pudibond, songe le moins du monde à s'en offusquer. Le théâtre aux États-Unis fournirait, je puis l'affirmer, matière à un ouvrage d'observation qui ne laisserait pas de surprendre nos critiques.

Les décors, les costumes, la mise en scène ne manquent ni d'art ni d'originalité; j'ajouterai même qu'au point de vue des trucs, des changements à vue, des groupements, les directeurs américains sont fort en avance sur nos barnums les plus vantés. J'ai vu, de-ci de-là, des spectacles extraordinairement ordonnés au point de vue du mouvement, du groupement des masses, de la décoration et aussi de l'intelligente observation de la vie reproduite. Il existe à New-York une manière de *Théâtre-Libre* qui donne chaque mois des représentations inédites très intéressantes. J'ai assisté à l'une d'elles qui se passait chez les anciens puritains. Parmi des scènes réglées avec un art consommé, je me souviens d'un tableau vraiment saisissant qui se déroulait devant un tribunal jugeant un faux sorcier accusé d'avoir maléficié toutes les femmes du pays. Les *possédées* étaient à l'avant-scène rangées comme témoins, au nombre de dix ou de douze, et, tandis que la haute magistrature en perruque procédait à l'interrogatoire du bonhomme, les femmes, filles et fillettes, vêtues de blanc, les yeux hagards, la bouche convulsée, frémissantes comme des hallucinées, pâles et livides, se tordaient, proférant des cris gutturaux, des râles affreux, montrant des corps rigides d'hypnotisées. Comme étude poussée au réalisme, c'était vraiment supérieur aux plus curieuses exhibitions de chez Antoine. A la Salpêtrière on n'aurait pas mieux obtenu.

Les principaux acteurs actuellement les plus célèbres à New-York sont Jefferson, qui n'exerce plus guère; John Drew, W. H. Crane, Dixey, Holland, Salvini fils, Edward Sothern; M⁽ᵐᵉˢ⁾ Clara Morris et Fanny Davenport. Une des troupes les plus estimées est celle de M. Palmer, le doyen des directeurs de théâtre, homme très distingué et fort érudit. — J'ai vu jouer cette compagnie à l'*Amphion* de Brooklyn. On donnait ce soir-là la pièce de notre ami Oscar Wilde, *Lady Windermere fan*, dont le succès à Londres fut si grand il y a deux ans. La pièce était jouée dans la perfection, sauf par le jeune premier, un peu vulgaire, et par l'héroïne, interprétée par miss Julia Arthur, réputée comme la plus jolie femme de New-York et qui n'a pas, à mon gré, la distinction, l'allure *Lady like* que comporte le rôle. Les secondes actrices et les figurantes sont

CHEZ LE BARBIER
Le dernier style du confortable.

fort coquettes et agréables à voir, mais elles marchent comme des garçons; elles montrent des gestes secs et cassants, et n'ont aucune souplesse féminine, aucune langueur, aucune grâce enjuponnée. Elles nous choquent comme le feraient des hommes travestis.

Au *Madison Garden Theatre*, dans l'immense amphithéâtre qu'occupait alors Barnum, je vis représenter *Christophe Colomb*, grand spectacle mimé qui met en scène plus de mille figurants somptueusement costumés et dressés aux manœuvres les plus difficiles. Sauf à l'*Olympia* de Londres, je n'ai jamais vu piste d'hippodrome plus belle, ni d'aussi importantes cohortes de danseuses, d'histrions, de soldats et de cavaliers.

Cafés-concerts. — Les cafés-concerts assez nombreux, surtout au

Madison Square Garden Theatre.

centre de la ville, méritent également d'être visités. On y trouve des attractions d'un genre tout à fait yankee, non seulement des chanteuses d'une originalité extravagante, comme l'excellente Lottie Gilson, mais des mimes ahurissants de comique, des clowns fantastiques dont les inventions sont d'un cocasse macabre, des faux nègres qui débitent, avec des éclats de voix étonnants, des chansons, secoués au refrain de rires frénétiques, tout cela parfois vraiment sauvage, mais d'une note moins canaille, moins scatalogique surtout, que les sombres inepties qui dans nos salles analogues obtiennent tant de complaisante attention. Les danseuses et diseuses françaises qui se trouvent parfois engagées dans ces entreprises, les *Fauvette*, les *Rose-Pompon* et autres noms de notre galant terroir, ne m'ont pas rappelé d'une façon bien appétissante la patrie lointaine. La platitude de leur jeu, de leur répertoire, la crapuleuse manière de choir dans un *grand écart* ou de lever la jambe en port d'arme n'ont rien qui puisse exciter la vanité ni l'amour du *home;* la danse style anglais, avec ses demi-retroussis de jupons et ses hauts de jambe en éclairs successifs et rapides, a infiniment plus de caractère que notre affreux cancan national. Un des gros succès des cafés-concerts, ce sont les satiriques chansons et imitations des Irlandais qui abondent si fort à New-York qu'on les trouve en grande majorité au *City-Hall municipal.* Ce sont eux qui gouvernent la ville. Les acteurs

A NEW-YORK.
Dans un car (railway).

Ivresse préméditée d'un Irlandais :
« Je suis ôu; ramenez-moi à l'adresse ci-dessous... »

qui excellent dans ces parodies obtiennent une énorme réputation populaire.

Un des cafés-concerts les plus étranges de New-York et qu'il faut visiter se trouve établi sur les toits du *Madison Garden Theatre*. On y accède par un ascenseur et, tandis qu'une foule considérable assise en de factices jardins sur terrasse, à plus de soixante pieds du sol, applaudit aux ébats des comédiens qui s'y exhibent, on perçoit, montant du grand théâtre inférieur, les bruits de fanfares, les marches guerrières qui accompagnent les défilés d'un spectacle à grand orchestre, ou bien les stridentes harmonies d'un concert wagnérien auquel six à huit mille personnes peuvent assister dans le hall principal de l'immeuble.

J'ai remarqué que la plupart des plus jolies chanteuses font voir dans l'émail éclatant de leur bouche rieuse des aurifications dentaires trop brillantes. L'or joue un rôle excessif sur les mâchoires américaines; on en a mis partout, de face, sur les incisives, de profil, sur les canines; il y aura, le siècle prochain, une superbe opération financière à faire en créant une société en commandite pour l'exploitation des cimetières du Nouveau Monde. Les fameux placers de la Californie se trouveront du coup en discrédit.

Je n'en finirais pas si je voulais écrire une manière de *Paris à New-York* et inventorier tous les plaisirs qu'on y trouve le soir, en y piquant de personnelles observations. New-York compte aussi ses bouges et ses cloaques qui fourmillent, ses quartiers chinois, sa prostitution.

Trinity church.

et

Saint-Thomas church.

Temple Beth-el.

Mais la tâche est immense et la vase est au fond.

N'approfondissons pas et revenons vivement aux promenades de la ville et à ses monuments principaux.

La rue. — Les monuments publics. — Il a paru récemment, à Boston, un guide complet de New-York, *King's Handbook of New-York city*, qui contient plus de neuf cents pages illustrées, toutes consacrées à la

— 50 —

description de la vaste métropole commerciale de l'Amérique. Il serait donc insensé de prétendre donner ici, au cours de ces notes hâtives, le moindre aperçu des principaux monuments d'une ville qui compte par centaines les églises, les synagogues, les temples, les banques, les hôtels, les théâtres et les curieuses maisons privées ou publiques.

Si je m'avisais de me lancer dans la description de la cathédrale, de l'hôtel de ville, du bâtiment des postes, des *buildings* fameux pour leurs dix ou quinze étages; si je prétendais parler du *Stock Exchange*, de *Custom House*, du *World's building*, du *Temple Beth-el*, de *Saint-Thomas church*, de *Trinity church*, de l'*American Museum of natural history* et de cent autres constructions intéressantes par le style architec- tural et par les curiosités qu'elles renferment, je crois que ces notes sommaires pren- draient des proportions excessives et sortiraient du cadre que je me suis tracé. Les illustrations semées dans ces pages me dispensent, d'ailleurs, de toutes ces descriptions.

Cathedral of St-John the Divine.

Ce qui est passionnant avant tout en Amérique, c'est l'intensité de la vie et les sensations qu'un tel mouvement fait naître chez un Européen; les monuments y sont d'une architecture nouvelle qui mériterait certainement une étude à part, mais ils n'ont aucun passé; les pierres dont ils sont bâtis sont fraîchement scellées et ne parlent pas au souvenir comme celles de notre Châtelet, de Notre-Dame, de Saint-Paul ou de la Tour de Londres; ces édifices n'ont encore que la gloire des parvenus au faîte d'une entreprise : *ils coûtent tant de millions de dollars* est la phrase normale qui les consacre. Il n'est donc pas nécessaire de s'y attarder.

La rue, par exemple, jouit d'un autre intérêt : les boutiques, les restaurants, les librairies, les pharmaciens vendeurs de rafraîchissements, les coiffeurs avec leurs fauteuils à bascule qui semblent des guillotines perfectionnées, les bars où l'on consomme vis-à-vis de tableaux de Bouguereau d'une peinture si sucrée qu'elle altère le client, les Chinois blanchisseurs, les affiches, les enseignes, les réclames, le puffisme général, voilà qui saisit, amuse et exalte le sens comique qui est en nous.

La rue la plus pittoresque comme foule, comme grouillement d'êtres, comme activité commerciale, c'est *the Bowery*, rue célèbre et qui a donné prétexte à une chanson très alerte et obsédante qui fait fureur dans le populaire.

Les moyens de locomotion. — Dans le domaine pratique, les cars électriques, les omnibus, les chemins de fer élevés ne nous indiquent-ils pas à quel degré de reculade nous en sommes encore en France, et principalement

A NEW-YORK. — Les Chinois blanchisseurs.

A New-York.
The Bowery.

à Paris? Ne sommes-nous pas des barbares avec nos vieux systèmes de roulantes circulant mal et limitant la place beaucoup plus que le temps? N'avons-nous pas encore en tête, à propos des omnibus parisiens, les tracasseries des numéros, l'attente sans limite dans d'affreux bureaux encombrés, sinon sous la pluie, les arrêts énervants et les phrases typiques qui retardent encore la marche : *Quel est le voyageur descendu de l'impériale?* ou bien : *Le voyageur qui a oublié de donner sa correspondance?* — *Militaire, vous n'aviez pas de correspondance?* Sinon encore : *Cet enfant paraît avoir plus de quatre ans!* Et autres niaiseries que supporte avec une patience héroïque le Parisien vraiment trop bon enfant; — quel temps perdu!

Bureaucratie, inspection, paperasserie, monopole, règlements arrêtent chez nous toute velléité d'élan en avant. A New-York, les cars électriques transportent en une heure des milliers de personnes du centre aux quartiers lointains. Ils se suivent sans cesse, de minute en minute, ils peuvent être pleins, ils ne sont jamais complets; on ne refuse pas de voyageurs par respect du temps qu'on leur pourrait faire perdre. Les derniers venus se tiennent debout, suspendus à des courroies pour maintenir leur équilibre ; des arrêts d'une seconde à peine, puis les voitures repartent, car ce sont non pas des voitures isolées, mais de véritables trains de voitures confortables, coquettes, aérés, légères et résistantes.

Les chemins de fer élevés qui sillonnent la ville de haut en bas et de bas en haut sur quatre à cinq avenues différentes, à l'est et à l'ouest, délivrent tous les jours plus d'un demi-million de billets; les trains se succèdent sur

Station de départ.

Les chemins de fer élevés. (*Elevateds.*)

La route des voitures.
SUR LE PONT DE BROOKLYN

les mêmes voies, montante ou descendante, de cinq en cinq minutes et, grâce à l'éducation des voyageurs actifs et prompts à la sortie aussi bien qu'à l'entrée, les arrêts aux stations ne dépassent point huit à dix secondes. C'est un rêve que ce mode de locomotion dans des wagons de quinze à vingt mètres de long, très ingénieusement divisés et qui peuvent être également combles, mais jamais complets; on se tasse sans limite, on se case à l'infini.

Le prix de tous ces trajets, d'un point extrême à l'autre, est de cinq sous (5 cents), aussi bien en *elevated* qu'en *car*.

Les fiacres, par exemple, sont des véhicules de grand luxe; leur prix excessif en interdit l'usage. Les cabs, trop peu nombreux, ont un tarif relativement plus réduit; mais la voiture, à New-York, reste réservée aux grandes circonstances, pour la conduite aux gares, les visites hâtives ou les promenades d'agrément. Pour la vie courante, millionnaires et prolétaires usent avec raison des moyens de transport démocratiques.

L'Américain, réputé chez nous pour être un hygiéniste de la marche, un entraîné qui ne compte point les kilomètres à dévorer, m'a paru, au contraire, excessivement ménager de ses jambes et de ses forces. En général, à New-York, personne ne monterait un étage sans souffrance; l'ascenseur fonctionne sans trêve, on le prend aussi bien pour l'entresol que pour le quatrième étage, et les élégantes cages où l'on se blottit sont le plus souvent bondées de monde à la descente comme à la montée.

Le respect de la femme. — Les hommes, dans ces ascenseurs, restent découverts vis-à-vis des femmes : c'est une règle de politesse à laquelle aucun ne songe à se dérober.

La femme américaine est du reste la plus respectée, la plus choyée, la mieux protégée des femmes du monde; tous les hommages lui sont rendus, toutes les préséances lui sont favorables, non pas seulement dans la vie privée, mais encore

Une femme photographe.

dans la vie publique. Comme elle se montre très libre d'allure, qu'elle est virilement élevée et qu'elle semble avoir les mêmes droits que l'homme de sortir, de dîner au restaurant, d'y inviter des amies, de voyager seule, de s'introduire partout, les meilleures places lui sont acquises et les serviteurs ne l'approchent qu'avec des gestes respectueux et des mines empressées et soucieuses de la pouvoir satisfaire.

Durant mon séjour à New-York, j'ai vu les plus curieux types de femmes qui se puissent concevoir :

femmes d'affaires ayant leur office, femmes de finances, de théâtre, excellentes camarades, gaies, franches, cordiales, d'une sympathie toute en dehors et très communicative, pas névrosées, je vous assure, solides gaillardes, intellectuelles mais pratiques, voyant tout sous l'angle des convenances et du bien-être. Comme je demandais à l'une d'elles, un soir après dîner, si elle ne pensait pas que la religion fût utile à la femme en tant que garantie morale, comme point d'appui dans la vie, elle réfléchit un instant, puis d'un air très sérieux :

« La religion? Oh! certainement, fit-elle, c'est tout à fait *confortable!* »

Le *confortable*, c'est l'idéalisme de l'Américaine; ce mot, pour elle, contient tous les accommodements de la vie et de la morale, tout ce qui offre un poids, des assises, des qualités résistantes ; la vertu est confortable, l'amour aussi, mais pas au delà des bagatelles. Le mariage est le but normal, avoué, désiré de la jeune fille américaine, si elle réussit toutefois à trouver l'homme rêvé, le milliardaire, son héros à elle : *l'homme confortable.*

Le Metropolitan Museum. — Avant de quitter New-York pour ébaucher une petite tournée vers l'Ouest, il me prit envie de visiter le *Metropolitan Museum*, situé au milieu du Central Park, côté Est. Je me rendais là sans idées bien nettes de ce que j'y trouverais, un peu dédaigneux, je l'avoue, me figurant n'y devoir rencontrer que des fossiles et quelques vagues collections d'antiquités, telles qu'il s'en trouve en nos musées de province; mais un de mes nouveaux amis, conservateur du lieu, m'y avait avec beaucoup de courtoisie assigné rendez-vous, et j'y arrivai très disposé à ne sentir aucune vibration admirative. Je dois confesser mon erreur et mon injuste disposition : le *Metropolitan Museum* m'a surpris ; il est d'un intérêt supérieur, il faut le visiter; c'est une des perles de New-York.

Dans les salles du rez-de-chaussée, après de belles collections de verreries anciennes, qui vaudraient une description minutieuse, je pus contempler des sarcophages égyptiens étonnamment conservés et non moins beaux que ceux de Boulaq, des vases antiques, des figurines primitives, des statuettes de Tanagra inoubliables, des statues grecques d'une grâce suprême, des bijoux pompéiens, toute une série de bibelots archéologiques dont la beauté de matières et de formes me frappa encore plus que la rareté.

Dans une salle immense on me fit voir ensuite d'ingénieuses reproductions réduites des principaux monuments de Rome, d'Athènes, de Paris, des surmoulages de portiques des plus belles cathédrales du monde; que sais-je encore...? Un intelligent résumé du South Kensington. — Au premier étage, après les meubles, les miniatures, les armes, les japonaiseries, je visitai le musée de peinture moderne. Beaucoup de bons tableaux, trop de médiocres, mais, parmi les meilleurs, deux Manet que j'ignorais. Deux chefs-d'œuvre : l'un, l'*Enfant au sabre*, comparable à un Vélasquez, et l'autre, la *Femme en peignoir caressant un perroquet*, d'une hardiesse d'exécution stupéfiante. Mon guide m'avoua qu'il ne comprenait rien à l'hypnotisme que m'occasionnaient ces toiles,

DANS CENTRAL PARK. — Le Metropolitan Museum.

et que s'il n'avait qu'à commander pour être obéi, on les jetterait aussitôt dans l'Hudson. Le moindre Bouguereau, le plus crémeux Cabanel lui semblaient à cent pieds au-dessus de ces superbes Manet.

Je passe sur les Meissonier, très nombreux et des meilleurs, sur les Bonnat, les Carolus et sur toute l'école française moderne des portraitistes et des paysagistes, car quelques salles plus loin je fus stupéfié par une admirable galerie de maîtres anciens : des Rembrandt, des Frans Halls, des Velasquez, un Van Dyck comme le Louvre n'en possède pas, un Rubens digne des peintures du *Belvédère* de Vienne et toute la série des plus excellents Flamands. Un éblouissement à vrai dire, une oasis d'art ancien dans le désert de cette modernité utilitaire.

D'autres salles contenaient encore des Turner fulgurants, des portraits de Couture qui me réconcilièrent avec le peintre des *Romains de la décadence*, des Hogarth, des Lawrence, de merveilleux Constable, des Reynolds à faire pâlir d'envie les visiteurs anglais. Tout cela dans ce musée qui ne date pas de quinze années et qui déjà peut être classé à côté des grandes galeries d'Europe.

Le soir, en bouclant ma valise, je songeais à l'avenir de ce pays qui, loin de se réserver à la vie exclusivement pratique, comme on l'en accuse, peut improviser de telles collections d'art. Je pensais à ces galeries privées de la grande métropole commerçante de l'Est, aux collections des Vanderbilt, des Avery et de tant d'autres, et je me disais que ces Yankees, considérés jusqu'ici comme des barbares, se préparent peut-être une civilisation hors ligne, pour peu que les nouvelles générations, après avoir rencontré sur le sol natal de tels modèles d'art européen, sachent s'employer à n'être plus des hommes d'affaires et à devenir enfin des novateurs d'esthétique qui ne s'inspireront du passé que comme tremplin d'ambition pour égaler l'envolée des maîtres vers des voies nouvelles.

CHEZ THOMAS EDISON

A Orange Park. — La complémentaire du phonographe : le kinétograph. — Peu de jours après mon arrivée à New-York, me rappelant la visite que Thomas Edison avait faite, en septembre 1889, à l'hôtel du journal le *Figaro* que je représentais, je m'étais enquis des possibilités de le rencontrer, afin de lui porter les compliments de mes confrères et le souvenir de cette élite de la société parisienne qui vint applaudir à son triomphe à cette soirée mémorable.

Edison était absent et travaillait dans l'Ouest. De plus, j'apprenais qu'il venait d'abandonner Menlo Park pour Orange Park, un peu au delà de Newark, dans le New-Jersey.

Il convenait donc d'attendre son retour ; je priai alors un de mes jeunes et brillants confrères du *New-York Times* de solliciter de ma part un rendez-vous difficile à obtenir, car, d'après les bruits en circulation, l'ingénieux inventeur du phonographe était devenu, depuis longtemps déjà, fermé à toute visite, rebelle à toute interview.

Il faut croire que le nom du *Figaro* fut un *sésame* irrésistible, car, peu de temps après ma requête, je reçus une lettre du secrétaire d'Edison, me disant que celui-ci serait charmé de me recevoir et qu'il me priait de lui fixer tel jour qui me conviendrait pour une entrevue.

Le mardi 26 avril, le *meeting* était arrêté ; je prenais le matin, à dix heures, le *ferry boat* pour Hoboken, puis le train d'Hoboken à Orange et, après un nouveau voyage de quinze minutes en *electric car*, j'arrivais vers midi devant une énorme usine bâtie de briques rouges. C'était là l'*Edison's factory*.

Une sorte de maisonnette avancée sert de loge à ce véritable palais de l'électricité, où le magicien des lampes merveilleuses a enclos laborieusement sa vie et mis en réserve tant de découvertes qui, malgré l'esprit de dénigrement de quelques-uns de ses compatriotes, révolutionneront la fin de ce siècle, on peut en être assuré.

La porte parut dure à forcer, malgré tous les laissez-passer dont je me trouvais muni ; un ouvrier en manches de chemise, qui s'y trouvait de faction, était impitoyable ; je crus que j'allais échouer au port ; je me fâchai, ordonnant à l'homme d'aller voir au *study*, et ce fut après cinq minutes que le féroce gardien revint, me criant de loin un *all right!* de meilleur augure.

L'homme me précéda ; j'entrai dans un hall de huit cents mètres carrés, très lumineux, entièrement lambrissé de pichpin verni, et tapissé, tout à l'entour, de livres de sciences de toutes nationalités. Quelques gravures et photographies de-ci de-là ; au milieu, sur un socle, une grande statue symbolisant l'Électricité, œuvre assez médiocre d'un Italien, Boliga, transformée en lampadaire.

Je regardais curieusement cette pièce simple, un peu froide, haute de douze à quinze mètres, éclairée de toutes parts, et qui me représentait bien une demeure d'ingénieur utilitaire sans grand sentiment d'esthétique ; je me plaisais déjà à inventorier les gravures accrochées, à rechercher des documents sur l'habitant par l'étude du cadre même de l'habitation, lorsqu'une porte s'ouvrit : Thomas Edison entrait, non plus l'Edison gentleman que nous avons connu en France il y a quelques années, mais un Edison impromptu, sortant du travail, le dos légèrement voûté, un chapeau melon sur la tête, en jaquette négligée, avec une barbe de deux jours, des poignets de chemise salis et cassés, et les mains éraflées, meurtries par les travaux de métallurgie : un vrai type d'ouvrier.

Il vint à moi souriant, la mine curieuse et heureuse, la dextre tendue, avec cette allure calme, pondérée, et cet air un peu ahuri, inquiet et candide à la fois qu'ont, à l'égal des fous, les personnes ayant trop longuement chambré leur pensée dans la recherche des études concrètes.

Sachant sa surdité, qu'on exagère énormément, je lui clamai dans l'oreille, qu'il rabattait en pavillon, le compliment que je lui apportais de France, en évoquant le souvenir de la rue Drouot et de la soirée qu'il y avait passée.

Son visage s'éclaira... je vis qu'il retrouvait l'image de cette réunion plaisante en laquelle *Cadet* nous régala d'une farce de circonstance, car, avec un rire d'enfant et un pétillement de plaisir dans son fin regard gris, il s'exclama joyeux :

— *Figaro!... Coquelin!*

Il me serra de nouveau les mains et partit

Le cable road d'Hoboken.

gaiement en causerie avec énormément d'humour dans son anglais nasillard fortement martelé dans les désinences finales.

Tout ce qu'il avait vu à Paris lui revenait en mémoire : l'Exposition, le banquet des 1,300 maires, auquel personne à New-York n'avait voulu croire lorsqu'il en avait parlé, le Trocadéro, la gaieté des rues, leur propreté, et enfin M. Alphand, dont il savait la mort et qu'il avait jugé comme un homme considérable, habile et éminemment pratique.

Je lui demandai s'il reviendrait bientôt à Paris :

— Dans deux ans à peu près, me dit-il, lorsque je serai en mesure de n'y point aller les mains vides, car j'aime trop les Parisiens pour ne pas leur apporter du nouveau; mais je désire voir Paris « avec ma tête et ma pensée »; la dernière fois je ne l'ai vu « qu'avec mes yeux, mon ventre et mes pieds »; j'y ai été trop fêté, trop nourri, trop promené.

— Aimez-vous Londres?

— J'y suis allé pour affaires, mais je le déteste, ainsi que les Anglais, qui sont trop brutaux (*unfeelings*) ; — ici il fit une grimace comique et amère à leur endroit.

— Irez-vous à San-Francisco pour l'Exposition du prochain hiver ?

— Le plus tard possible, si j'y vais, mais c'est peu certain.

Et comme je m'étonnais, insinuant qu'à toute exposition les palais d'électricité devraient être ses palais à lui et comme la consécration de ses découvertes, il proteste, car il existe un certain Thompson qui, disent les gens du métier, lui est tout à fait supérieur.

— Pas du tout, s'écrie-t-il; il y a dans ces expositions toutes les sociétés électriques imaginables, et je m'en désintéresse presque absolument ; je n'envoie généralement que le moins possible... » Après quelques secondes il ajoute, faisant allusion sans doute aux plagiats et copies dont il a été victime :

— Tous les hommes, voyez-vous, sont des voleurs ! — sauf, souligne-t-il galamment et avec un large rire, les hommes de lettres et les journalistes.

Décidément en veine de sympathie et de laisser-aller, Edison me passe affectueusement son bras sur l'épaule, à la façon des *fellows-ship*, et il me montre avec plaisir dans sa bibliothèque les livres français sur l'électricité, en me disant qu'il n'en comprend que les gravures et les termes scientifiques grecs et latins. — Il s'arrête devant la statue de l'Électricité, remarquée à l'entrée, et que je croyais être un cadeau d'admirateur, et il dit non sans orgueil, avec une satisfaction de bon bourgeois :

— Je l'ai achetée à Paris, à l'Exposition !

Et, à ses yeux, ce mauvais marbre, c'est un spécimen de ses goûts artistiques dont il semble très fier.

Je lui demande s'il a terminé quelque invention nouvelle égale à celle du *phonographe*.

— Nous verrons cela tout à l'heure, exclame-t-il avec sa bonne mine de vieux baby, tour à tour joyeux et grognon ; nous allons visiter la maison, puis je vous donnerai la primeur de ma dernière œuvre *que personne ne connaît encore*. Je préfère que vous en parliez là-bas plutôt qu'ici. Je ne veux rien donner aux journaux d'Amérique, tout le monde les lit, même les imbéciles, et je serais volé, tandis qu'il n'y a que les Américains intelligents et lettrés qui reçoivent et lisent les journaux de France. De ceux-ci, je l'avoue, rien n'est à craindre.

Nous sortons sous la pluie et visitons l'atelier où sont construites ses piles électriques dont la profondeur en terre est de vingt pieds ; et comme j'admire l'ordonnance : — C'est très bien, soupire-t-il, mais on a construit un tramway électrique dont la proximité me gêne. Dès que ce maudit *car* arrive à Orange, à deux milles d'ici, toutes mes piles tressaillent et ça nous dérange énormément.

Je le questionne alors sur la force idéale de la chute du Niagara, sur ces *sept millions de chevaux* inutilisés, et je cherche à savoir si cette force ne serait pas suffisante pour éclairer New-York et une partie des villes dans le rayon de Buffalo.

— Assurément, me répond-il, mais c'est la force des fils conducteurs qu'il s'agit de perfectionner ; après cela tout sera aisé au possible.

Nous traversons successivement d'énormes ateliers de tournage, de montage, puis la pièce où est remisée la machine, qui n'est que de 175 chevaux-vapeur. Enfin Edison me fait un signe discret, et nous pénétrons dans une petite maison où se tient un ouvrier à mine intelligente et affinée auprès d'une étrange boîte grande comme un menu buffet de chêne clair. Il commande à l'homme de préparer son travail, et tandis que celui-ci ajuste des pièces, fait mouvoir des poulies, l'extraordinaire propriétaire d'*Orange Park* m'expose ceci :

— Vous me demandiez quelle était ma dernière, c'est-à-dire ma prochaine invention ; la voici : c'est le... Il me lance un mot que je ne saisis point ; je lui passe mon carnet et il y écrit : KINETOGRAPH. Sous le mot *Kine* il crayonne : *motion;* sous le mot *graph* : *record*. J'interprète : *Enregistrement du mouvement*.

— Le *kinetograph* sera pour l'œil, continue-t-il, — vous allez le comprendre ou plutôt le voir, — ce que le phonographe est pour l'oreille. C'est la complémentaire de mon invention pour l'enregistrement du son. Grâce à ce nouveau système, on verra un opéra, une comédie, une personne en même temps qu'on l'entendra, et l'on pourra désormais fixer les gestes des acteurs et les empêcher de disparaître tout à fait pour la postérité.

Alors, avec un obligeant sourire : — Talma, Rachel, Sarah Bernhardt, Monnet-Sully... tous vivront.

— Mais, lui dis-je, l'interrompant, n'est-ce pas la même chose que le *téléphote?*

Edison sourit :

— Le *téléphote* n'a jamais existé que dans l'imagination des *news-paper men*; je ne m'en suis jamais occupé, car je ne m'occupe que de *choses utiles*; le KINETOGRAPH est et sera indispensable comme le *phonographe*. J'ai beaucoup travaillé avant de trouver la reproduction de la vie sous le regard, et ce n'est pas avant deux ans que mon œuvre sera au point.

L'excellent démonstrateur me sort alors diverses petites photographies graduées, prises à raison de 24 poses à la seconde; il me montre des acrobates dont les moindres mouvements sont notés, me conduit à son atelier spécial de

THOMAS EDISON.

photographie où la silhouette d'un homme est prise en plein mouvement par clichés successifs de *quatre côtés différents*, dans la proportion de 2,700 poses à la minute ; ce sont ces épreuves qui, mises sur un cylindre merveilleusement articulé, actionné à peu près comme celui du phonographe, reproduisent avec toute l'expression de la vie et de l'accélération du mouvement le geste humain méthodiquement enregistré. La boîte mystérieuse est prête et va fonctionner. Je m'approche.

L'ouvrier qui la dirige me prie de m'incliner sur une lentille de verre qui est à son sommet ; je regarde : un déclanchement se fait dans l'appareil, et je vois, ébloui, émerveillé, un paysan tyrolien danser devant sa cabane et ses montagnes (avec le vent agitant la cime des arbres) un pas vraiment épileptique qui dure de vingt-cinq à trente-cinq secondes. Rien ne manque à cette apparition extravagante ; l'homme se démène et pivote sur les quatre faces avec une vitesse supérieure à celle de la gigue ; on suit la désarticulation de ses genoux, le redressement de ses chaussures, le jeu des hanches, l'arrondissement des bras, la voltige du chapeau, puis, lorsque cette danse échevelée prend fin, le petit Tyrolien sourit, salue et puis rentre dans sa chaumière. Le cylindre cesse de tourner.

Je regarde Edison qui épie mes sensations d'un œil magnétiseur et malin, avec un sourire jovial emprunté à Coquelin cadet. Je lui fais signe que je suis sans voix, sans expression possible, presque sans croyance. Il fait un signe, me prie de regarder encore, et je revois le petit Tyrolien recommencer sa gigue aussi frénétiquement, d'un mouvement extraordinairement précis, parfait et prodigieux.

Je m'écrie, transporté : — La découverte est complète, quand allez-vous la lancer ?

— Il me faut encore dix-huit mois à deux ans, me répond paisiblement ce modeste et patient travailleur. D'ici là, je ne veux ni bruit ni réclame.

Nous poursuivons la visite des ateliers, allant sous la pluie à travers les cours ; j'ouvre mon pépin et l'offre à ce nouvel ami si bizarre et si complaisant :

— Laissez donc, s'écrie-t-il toujours gai, le parapluie c'est bon pour le Français ; en France il fait toujours beau ; mais l'Américain de l'Est, de même que l'Anglais, sont habitués à tendre le dos à la pluie ; question de latitude, ça ne nous gêne pas.

Nous entrons dans un atelier de 250 mètres de long sur 30 de large ; il y règne une activité considérable : des hommes, des femmes penchés sur des tours, des machines à forer, à aléser, à découper, à raboter, travaillent sans trêve ; Edison, avec son allure de Napoléon gras, passe au milieu d'eux tous, s'arrête devant chaque spécialiste, me fait voir la confection de toutes les petites pièces et me les met en main encore toutes chaudes de leur fabrication.

Je renonce à décrire tout ce que j'ai vu ainsi comme outillage moderne, comme inventions en cours d'exécution : machines à graver les chiffres et les lettres d'imprimerie, machines à chiffrer, téléphones nouveau style, que sais-je encore? Devant les cylindres des phonographes, le maître me fait voir, à l'aide d'un microscope, les infinitésimales parcelles de saphir qui servent à fixer le son, à accrocher la note sur l'appareil ; plus loin, il me met en main des montres en cuivre dont le grossier remontoir est fixé dans la boîte et qu'il établit pour être mises en vente au prix d'un dollar et demi (7 fr. 50). — Lui, n'en possède pas d'autre ; il sort la sienne de son gousset, la remonte et me l'applique sur l'oreille pour me laisser entendre un très fort tic tac dans le boîtier. Tout cela aimablement, en riant sans cesse d'un rire heureux et en dehors, avec de fraternels tapotements de main sur mon épaule. Très bon enfant et pas pontife le moins du monde, ce créateur de phénomènes !

Nous arrivons dans la chambre des phonographes montés et dressés au complet. Il s'installe devant l'un des appareils, se fait apporter des caisses pleines de rouleaux sensibilisés, avec airs notés, et ajustant dans son oreille des conducteurs de caoutchouc, il m'en passe deux autres embranchés sur le même instrument. Dix airs divers sont interprétés sur la machine mue et dirigée par lui : airs de cirque, soli de cornistes ou de flûtistes, marches militaires, musique de chambre ; il écoute tout lui-même, ravi comme un gamin. Lorsqu'il y a des *couacs* ou *de la friture* dans les tuyaux, il élève les bras au ciel avec un air tragique désopilant, en m'indiquant que le rouleau a été trop pressé par des mains indélicates. Un ouvrier zélé et distingué lui passe tour à tour de nouveaux cylindres ; lorsqu'il voit qu'il s'agit d'un air anglais ou irlandais, il fait la mimique de se mettre en colère, de tout briser, et il ordonne de retirer ça, comme s'il était blessé dans ses sentiments intimes.

A l'audition d'un chant allemand, il fait une moue inexprimablement simiesque. Si Edison n'était pas devenu l'inquiétant sorcier que l'on sait, il fût peut-être arrivé, par goût, à se faire un renom de comédien très personnel dans le genre comique.

Après trois quarts d'heure d'audition phonographique, nous passons dans le *Lamp factory* où l'on confectionne chaque jour 37,000 de ces petits globes électriques qui sont répandus dans le monde entier. Dans la dernière heure qui a précédé notre passage, il a été fabriqué 5,459 de ces lampes sur lesquelles trois seulement ont été cassées à l'essayage ; il me fournit ces chiffres avec bonheur et orgueil. Il m'explique comment, à la suite d'une grève à laquelle il ne voulut pas céder, il inventa une machine à souffler et souder ces verres, se privant ainsi du concours de 75 ouvriers révoltés qu'il ne reprit jamais.

Il y a déjà trois heures que je suis avec cet Aladin charmeur, qui paraît s'amuser si sincèrement dans la promenade qu'il me fait faire. Il ouvre tout à coup une porte et me laisse admirer un cabinet de docteur Faust qui contient plus de 1,500 fioles de chimie. *My study!* me dit-il, et il se penche sur moi pour me dire comme en une confession : — Je n'aime plus que la chimie ; voyez-vous, avec la chimie il y a plus à faire qu'avec toutes les autres inventions, dont les plus grandes, du reste, n'ont été découvertes que par accident.

— Et que cherchez-vous en ce moment ?

— A faire des diamants, à constituer le carbone pur, le diamant noir, le *bort*.

— Des diamants de luxe ?

— Oh ! non pas, ce ne sera ni pour mes chemises, ni pour mes doigts ; je n'ai jamais cherché le beau ni l'éclatant, mais *l'utile avant tout*. Le *bort* que je désire fabriquer me servira pour le forage de certaines machines et aussi comme émeri ; ce sera du diamant pratique ; je ne me soucie point du reste.

Un souvenir littéraire me revient en regardant ce chercheur d'hermétisme incomparable qui

GLENMONT.
LLEWELLYN PARK.

M Uzanne.

Please say to the director of the Figaro how pleased I am in having the pleasure of showing its representative through my laboratory. I shall ever remember the unique entertainment given me by the Figaro.

Yours
Edison

servit de prototype à un héros de notre cher Villiers de l'Isle-d'Adam. Je lui demande s'il a lu l'*Ève future* ou si on lui a parlé de ce roman, digne interprétation de son génie.

— Non pas, me dit-il, je l'ignore absolument. Je n'ai jamais lu dans ma vie un seul roman.

Je promets alors de lui envoyer celui-là en souvenir de ma visite, afin qu'il puisse le faire traduire et s'en pénétrer. Je doute qu'il le fasse : la fiction l'indiffère. Cet homme a le cerveau étonnamment cubique.

Nous marchions toujours à travers les énormes baraquements d'Orange Park, dont il me faisait les honneurs en consciencieux cicerone; après être redescendus au rez-de-chaussée, Edison me montra tout un corps de logis occupé par des casiers d'épiciers ou de marchands droguistes ; c'était énorme comme un magasin de munitions pour des troupes. Je le vis alors amener vivement à lui tour à tour trente à cinquante tiroirs au fond desquels j'aperçus des peaux de chat, du macaroni, de la gomme du Japon, du chanvre, de la farine, des fragments d'or, des cristaux, du maïs; puis, des pharmacies complètes, des séries d'objets de quincaillerie, des approvisionnements de nacre, d'ivoire, de dents de crocodile. Il riait avec éclat, toujours actif, en me montrant ce capharnaüm où il semblait chercher quelque chose. Il sortit enfin d'un bocal trois gousses de vanille, puis d'un autre une poignée de fèves de Tonka parfumées.

Je le regardai, inquiet, me demandant ce qu'il allait faire. Il me tendit ces produits végétaux, et toujours souriant de son sourire d'Agnelet, dans la *Farce de Pathelin*, découvrant ses dents jaunes :

— Gardez cela, je vous en prie, en souvenir de cette visite. »

Je mis dans mes poches ce singulier présent, mais ne pus m'empêcher de lui manifester ma surprise pour ce formidable entrepôt d'objets si contraires.

— Je déteste New-York, ville désagréable, où je vais le moins possible, m'explique-t-il. Aussi j'ai réuni ici tout ce que l'imagination peut concevoir de choses diverses de première utilité, afin d'avoir tout sous la main et aucun prétexte de sortir.

Et dire que l'inventeur du téléphone est aussi réactionnaire et si peu dans les derniers bateaux qu'il fait mouvoir !

Quel étrange animal que l'homme !

Rentré dans la bibliothèque, je chipai à mon bienveillant conducteur un superbe et pictural portrait reproduit dans ces pages et qu'il voulut bien signer ; de plus, il m'écrivit une lettre autographe relatant son durable souvenir de la soirée qui lui fut donnée rue Drouot et dont, dit-il, le parfum lui demeure tout entier.

Tout a une fin, même les visites au pays des *Mille et une Nuits*; je pris congé. Edison m'accompagna jusque sur la route, et, comme je lui exprimais combien j'étais touché de sa réception et heureux de trouver en lui autant de bonté que de génie, il fit un geste de gavroche « zutiste », quelque chose qui voulait dire comme « mince d'éloges » ! Il s'inclina comiquement, son chapeau mou à la main à moitié ployé en

Un ferry-boat traversant l'Hudson.

deux, toujours follement rieur. Et je le vis rentrer dans son enfer, tandis que le *car* électrique m'emportait vers Orange, dans une campagne hollandaise balayée par la pluie.

A quelle heure lunchait donc Edison! Je périssais de faim ; il était plus de trois heures et j'étais arrivé à Orange Park entre dix et onze heures du matin. Une gousse de vanille et des fèves de Tonka, cet aimable présent digne d'un roitelet nègre, ne valaient pas pour moi un *stake* sérieusement enveloppé de *potatoes* ou quelque savoureux *pie* ou pudding. Je revins à New-York l'estomac consterné, affalé, en état de siège, en quête d'une plantureuse taverne gorgée de victuailles.

DE NEW-YORK A PHILADELPHIE

Le lendemain de ma visite à Edison je quittai les délices du Waldorf et de la vie new-yorkaise et m'en fus au delà de l'Hudson, à New-Jersey, goûter des curiosités du voyage en Amérique et du fameux confortable des wagons dont on m'avait si fort vanté l'ordonnance. Non seulement je ne fus pas désillusionné, mais encore la réalité dépassa le rêve que je m'étais formé, ce qui est rare, il faut en convenir.

Une comparaison entre les chemins de fer des deux pays ne nous paraît pas hors de propos, mais elle est affligeante pour notre amour-propre national. Aux États-Unis, la *voie* est beaucoup plus large que la nôtre, les traverses plus rapprochées. Il en résulte que les voitures sont plus spacieuses, partant plus stables sur les rails et moins sujettes à dérailler. Elles secouent moins le voyageur et ne l'assourdissent pas par le bruit des roues fixées sur leurs essieux. Les voitures américaines, deux ou trois fois plus longues que les nôtres, sont fixées à chaque extrémité sur des treuils à quatre roues

couplées : cette disposition supprime le bruit. On accède aux voitures par un escalier et une plate-
forme qui se trouvent à
l'arrière du train, et des
couloirs à soufflet les
réunissent entre elles.
Chaque siège pour deux
personnes est placé au-
près d'une fenêtre à
droite et à gauche, lais-
sant au centre un pas-
sage assez large qui
permet de circuler d'un
bout à l'autre d'un train,
soit pour descendre,
soit pour se promener,
soit pour aller aux ca-
binets de toilette très
complets et qui, outre

A NEW-JERSEY. — La gare du Pennsylvania-Railroad.

leurs filtres d'eau glacée, sont généralement pourvus de baignoires d'eau chaude ou froide qui per-
mettent les ablutions très rafraîchissantes et dispensent de descendre du train pendant plusieurs jours

sans inconvénient, lorsque le trajet dure deux tiers de semaine. Il n'y a qu'une seule classe de billets ; le prix est varié seulement suivant la vitesse du train. Nos voisins les Italiens ont emprunté avec raison une partie de ces usages aux Américains : nous les imiterons peut-être à notre tour.

Les trains ont leur cuisine et leur salle à manger, et, grâce à une société belge, nous avons adopté cette innovation sur quelques lignes de nos réseaux. Les immenses wagons américains se transforment chaque nuit en dortoirs pourvus de larges lits à deux places. Un lit de ce genre pourvu de draps et de couvertures coûte 12 fr. 50 pour une nuit, dans des voitures de luxe appelées *Pullman* ou *Wagner Cars*. Dans les voitures moins richement meublées, une couchette ne coûte que 2 fr. 50. Un domestique et un interprète accompagnent tous les trains, et vous trouvez *à bord* tous les services et toutes les commodités que pourrait vous fournir l'hôtel le mieux tenu. Enfin, c'est toujours un wagon de voyageurs et non un fourgon qui termine un train : ce dernier wagon forme une terrasse où sont disposés des sièges

Un Pullman dining car.

permettant d'admirer le paysage. On ne fume que dans le *Smoking Room* garni de sofas confortables.

L'enregistrement des bagages a lieu de la façon la plus simple et la plus expéditive. Pas la moindre écriture, pas d'étiquette *proprement* collée : on attache à votre malle un numéro gravé sur une plaque de cuivre; on vous remet un numéro correspondant gravé sur cuivre au moyen duquel vous la retirez à l'arrivée. Enfin on vous accorde une franchise d'environ soixante kilogrammes de bagages, sinon davantage.

Avec le sens pratique des Yankees, dont l'esprit de synthèse est basé sur l'économie de place et de temps, en tout et partout, la locomotion est, aux États-Unis, exempte de ces terribles tracas qui chez nous précèdent et accompagnent les déplacements de toute nature, et nous inspirent cet amour exagéré de nos centres habituels d'action par un dégoût anticipé des fatigues, des préoccupations, des mille petites tyrannies administratives à affronter.

En Amérique, on peut aller de New-York à San-Francisco plus aisément, la canne

Un wagon d'observation à la queue du train.

à la main, que de Paris à Bois-Colombes; diverses compagnies dites *Express* vous délivrent du souci de transporter des bagages petits et grands, et vous êtes assuré de trouver toutes vos caisses à l'hôtel, peu après, sinon même avant votre arrivée.

Que dirai-je de cette locomotion? J'ignore si l'état des rails est aussi parfait qu'en Angleterre, si le mépris du casse-cou n'est pas de beaucoup plus excessif qu'en France; mais pour ce qui est du confort, de l'absolue considération du colis humain et du bien-être individuel, il n'y a pas à discuter: on trouve aux États-Unis le *nec plus ultra* du genre.

Un serviteur des Pullman Cars.

Au wagon de conversation.

C'est un plaisir inconnu à l'Européen que de se sentir emporté moelleusement, presque sans bruit, à travers des campagnes inédites, peut-être trop souvent déshonorées par l'annonce, de se voir servi sur un signe, nourri, coiffé, lavé, brossé, et de vivre dans un véritable *home* roulant, dans de jolies architectures bien ouvragées et décorées, cela sans entraves, avec la faculté d'aller, de venir, d'ambuler d'un bout à l'autre de cette maison lancée en éclair, sans sentir le poids oppressant des claustrations en boîte qui font de nos compartiments des prisons déguisées où l'on subit, résigné, son temps d'inscription en une compagnie toujours trop tassée et qui concourt par sa compression à l'asphyxie générale.

PHILADELPHIE

J'arrivai donc à Philadelphie après deux heures de trajet, désolé de quitter sitôt mon *parlor car;* les statisticiens diront ce que le chemin de fer fait de la vie humaine en moyenne, s'il la double ou la quadruple : il l'a au moins décuplée pour moi en cette visite effrénée. Mais le temps va plus vite encore; il me presse et me pousse; j'ai beau faire, il ne m'accorde que

PHILADELPHIE. — La gare de Broad street.

vingt-quatre heures à Philadelphie; c'est à moi d'allonger ma journée en raccourcissant mon sommeil.

J'aurais pourtant aimé voir à loisir cette vieille cité de Penn, le vrai berceau des États-Unis, où se

— 78 —

tinrent le premier congrès continental, en 1774, et les congrès qui suivirent pendant la guerre héroïque, où la déclaration d'indépendance fut rédigée et proclamée (1776), où s'assembla, en mai 1787, la Convention qui allait donner à la jeune République sa Constitution, et où fut, jusqu'aux premiers jours de ce siècle, le siège de son gouvernement. A cette époque, les 2,500 habitants que Philadelphie comptait, non sans orgueil, en 1684, et qui décidaient la métropole à lui donner rang de cité (sa charte date de 1701), s'étaient multipliés jusqu'à 67,811. Aujourd'hui, leur nombre est de 1,050,000 environ.

PHILADELPHIE. — L'Université.

Comme grandeur, Philadelphie vient la troisième parmi les villes des États-Unis, et la quatrième pour l'importance commerciale. La construction des machines à vapeur, les travaux métallurgiques en tout genre, les manufactures de tapis, d'étoffes de laine et de coton, la cordonnerie, la

— 79 —

fabrication des parapluies y ont un développement considérable. Ajoutons-y les constructions maritimes, et nous ne trouverons que

PHILADELPHIE. — Fairmount Park.

Pittsburg capable de lutter victorieusement avec la cité pensylvanienne. Pour l'industrie du livre et l'art typographique dans toutes ses manifestations, Philadelphie va de pair, ou bien peu s'en faut, avec Boston et New-York. — Elle possède même des spécialités pour ouvrages de sciences.

PHILADELPHIE. — Pont de Chesnut street sur le Schuylkill.

C'est cette ville qui couvre tout un comté s'étendant sur une longueur de 22 milles du nord au sud, et sur une largeur qui varie de 5 à 8 milles, qui chevauche trois cours d'eau : le Wissahickon, le Schuylkill et le fleuve Delaware, qui compte une douzaine de grandes gares, autant de clubs de premier ordre, 550 églises, je ne sais combien de théâtres et de concerts, huit ou neuf bibliothèques, dont deux, la *Mercantile Library* et la *Philadelphia Library*, contiennent plus de 150,000 volumes, et les moindres, de 150,00 à 20,000, une Académie des Beaux-Arts où se pressent, en quantité prodigieuse, les statues, les tableaux, les estampes de toute provenance et de toute qualité, — on y trouve jusqu'à des chefs-d'œuvre; — une Université, des collèges, des hôpitaux qui ont l'air de palais, des monuments nationaux et des édifices publics avec lesquels les banques et les compagnies d'assurances rivalisent de luxe et de grandeur, une île de près de 250 hectares, *League Island*, dont elle a fait cadeau à l'État pour y établir un arsenal maritime et un parc : *Fairmount*, le plus grand du monde, couvrant une surface de plus de 1,200 hectares, avec des allées carrossables dont le développement dépasse douze milles; — c'est une telle ville, dis-je, que j'ai à découvrir, dans son ensemble et dans ses recoins, en seize ou dix-huit heures au plus.

Les talonnières du bon vieux Mercure n'y suffiraient pas : *cable-cars*, *horse-cars*, *hansom-cabs*, *rails* et *ferry-boats*, à la rescousse, marchons grand train! *Go ahead!* comme disent mes nouveaux amis.

A peine débarqué à la gare du *Baltimore and Ohio Railway*, à l'endroit où le Schuylkill sépare en deux tronçons Chestnut street, la rue fashionable de Philadelphie, tronçons reliés entre eux par un pont de 1,528 pieds de long, je sautai dans un *hansom-cab* et

PHILADELPHIE. — Market street.

expliquai au *cabman* qu'il eût à me faire passer devant les principaux édifices qui se groupent des deux côtés de cette grande voie et dans les rues avoisinantes. Je commençai aussitôt à décrire une série d'angles droits aussi variés que des angles droits peuvent l'être entre eux. En effet, Philadelphie est un immense damier où les rues allant de la Delaware au Schuylkill, c'est-à-dire de l'est à l'ouest, coupent régulièrement les rues allant du sud au nord. Celles-ci se désignent par des numéros, tandis que les autres portent des noms. Quant aux maisons, elles sont numérotées de façon à ce que chaque carré contienne cent numéros ; de sorte que, de l'est à l'ouest, le numéro de la maison indique en même temps la situation du carré : ainsi la maison d'une rue transversale qui porte le n° 620, par exemple, est nécessairement entre la sixième et la septième rue. De même chaque carré des rues allant du nord au sud contient cent numéros, dont la première centaine, en descendant comme en remontant, part de Market street, qui en marque à peu près le milieu. Il y a, dans cet arrangement, un moyen assez pratique de calculer la distance où l'on se trouve d'un point donné. Quelques *avenues* ou *roads*, plus nombreuses à mesure qu'on s'éloigne du centre, qui furent des routes ou des chemins d'exploitation alors qu'il y avait là des campagnes et des cultures, rompent un peu la monotonie agaçante de cette géométrale ordonnance.

PHILADELPHIE. — Arch street.

C'est entre Walnut street, au sud, et Pine street, au nord, que s'agglomèrent les grands hôtels, les magasins, les maisons de commerce, les banques et autres établissements financiers, avec Chestnut street et Market street comme artères principales. Mon *cabman* m'arrêtait devant chacun de ces massifs édifices, énormes *blocs*, comme ils disent si bien, et ouvrait sa lucarne, dans la capote de la voiture, pour m'en crier le nom ; mais neuf fois sur dix je lui répondais nerveusement : *Wheel on! Wheel away!* « Roulez! roulez ! »

C'est ainsi que défilèrent devant moi, [...] dans les cahots et le bruit des roues, les huit colonnes de la rotonde dont se glorifie la [...] Bourse du commerce, *Merchant's Exchange*, et dont l'intérieur est décoré de fresques qu'on [...] m'a fort vantées ; le portique monumental de la *Girard National Bank*, que j'avais déjà [...] vu, si je ne me trompe, à la Bourse de Du-blin ; l'église épiscopalienne de *Saint-Peter's*, [...] spécimen américanisé de l'architecture reli-gieuse au dernier siècle ; d'im[...] [...]menses bâtiments de marbre et de granit élevés par des compagnies d'as[...] [...]surance ou par des banques dont les noms feraient de ces pages un catalogue [...] peu réjouissant ; des biblio-thèques : l'*Athenæum*, qui [...] a 25,000 volumes ; le *Fran-klin Institute*, qui en a [...] 33,000 ; des « offices » de journaux : la *Press*, le [...] *North American* ; le hall de la *Philosophical Society*, [...] fondée par Franklin, dont le tombeau est dans [...] le cimetière de Christ Church, au coin d'Arch [...] street ; l'hôtel de la So-ciété historique de Penn-[...] sylvanie, dont la li-*brary* est pleine de trésors [...] tels que n'osent point en rêver les plus insa-[...] tiables des bibliophiles américanisants. Eh bien, [...] j'en demande pardon à M. Harisse, mais même là [...] je passai sans entrer.

PHILADELPHIE. — Masonic Temple.

Wheel on! L'amour des livres en voyage, cet amour de reclus, quand la vie attire et passionne, allons donc !

J'aurais bien voulu m'arrêter un peu avant la Septième Rue, dans Market street, à la grande maison d'édition de J.-B. Lippincott et C°, non loin de la *Penn National Bank*, sur l'emplacement de laquelle s'élevait jadis la maison où Jefferson rédigea la déclaration d'indépendance. J'aurais eu plaisir à visiter ce vaste établissement d'où sortent tant de publications, parmi lesquelles une revue mensuelle qui compte au rang des mieux rédigées et des plus répandues. Tout ce que j'ai pu faire, dans cette course folle, a été de regarder d'un peu près *Christ Church*, la plus vieille église de la ville, dont les vénérables cloches habitent un beau clocher de 190 pieds, et d'acheter deux onces de *bird's eye* dans une petite maison en briques, au coin de Market street et de Front street, qui était, il y a un siècle, le *London Coffee House* où s'assemblaient les gros bonnets et les fortes têtes, et qu'occupe aujourd'hui un marchand de tabac.

J'espérais toucher bientôt au terme de ce fameux *drive*, lorsque mon cocher arrêta court. A ma gauche s'élevait une sorte de monument composite, gréco-romano-yankee, avec frontons, tronçons de tours superposés, horloge, galerie extérieure, dôme, campanile et clocheton, dont le modèle se retrouve assez fréquemment à la devanture de nos artistes en pièces montées, pâtissiers ou cuisiniers.

« C'est l'*Independance Hall*, me jeta mon *cabman* par sa tabatière ouverte ; il faut descendre. » Il avait l'air si convaincu, — j'allais dire péremptoire, — que, ma foi ! je descendis. Il se pencha du haut de son siège vers moi, et reprit : « Il faut visiter ; c'est beau à voir (*it is a grand sight!*). »

Eus-je un instant d'hésitation et d'humeur? Peut-être bien ; mais il ne dura guère, et, bravement, j'imitai Bonaparte en Égypte, je respectai les superstitions de mon aborigène, et j'entrai. J'en fus quitte pour jeter un coup d'œil, à l'est, sur la salle où se tint le Congrès en 1776, dont le mobilier n'a pas été changé depuis, mais qu'on a ornée d'une statue de Washington et de peintures diverses, et un coup d'œil à l'ouest, sur le musée révolutionnaire où se conservent, entre autres précieuses reliques, la « cloche de la liberté », *Liberty Bell*, la première qui ait sonné aux États-Unis après que le Congrès eut adopté la Déclaration d'indépendance.

J'avais vu tout ce qui pouvait m'intéresser, — et au delà, — dans cet édifice, qui est, à proprement parler, l'hôtel de ville de Philadelphie, un des plus grands monuments de l'Amérique, et qui est d'une allure vraiment titanesque. Mais mes jambes se trouvaient bien de l'exercice et manifestaient une forte répugnance à reprendre immédiatement leur ankylosante immobilité dans le cab. Indulgent pour toutes les faiblesses, surtout quand elles me touchent d'aussi près, je donnai récréation à mes pauvres membres, et nous allâmes les promener pendant un quart d'heure sous les ombrages variés de Washington Square,

PHILADELPHIE. — Independance Hall.

tout à côté, où je roulai une pincée de mon *bird's eye* dans une feuille de papier Job, en savourant, parmi les bouffées de ma cigarette, la satisfaction de me savoir entouré par des représentants de toutes les espèces d'arbres qui croissent sous cette latitude aux États-Unis.

En retrouvant mon cab, je vis bien, à l'air dont le cocher rassemblait ses rênes, qu'il ne considérait point la mission dont je l'avais chargé comme accomplie. Et de fait, redescendant la Cinquième Rue jusqu'à Chestnut street, nous reprîmes notre course dans la direction d'où nous étions venus, mais en décrivant d'autres angles et en suivant, plus que nous ne l'avions fait en venant, l'artère principale. Je vis ainsi l'hôtel des Postes, de style Renaissance, avec un dôme en fer! — l'hôtel de la Monnaie, de style ionique, en marbre blanc, où se trouve la plus complète collection de monnaies et de médailles qui existe dans les États; Logan Square, joli parc ombreux et bien dessiné, autour duquel s'élèvent la cathédrale de Saint-Pierre et Saint-Paul, construite en grès rouge et surmontée d'un dôme haut de 210 pieds, et l'Académie des Sciences naturelles, dont le savant Agassiz admirait les collections. Et tout le long du chemin, des banques, des églises, des hôpitaux, des clubs se succèdent en masses de pierre, de fer, de brique, de marbre, de toutes les dimensions et de toutes les formes, et qui, je l'avouerai même, ne manquent ni d'élégance ni de légèreté; mais je ne recommencerai pas à enfourcher sur mon dada architectural et à plaider véhémentement *pro domo moderno*.

J'aimerais certes à écrire sur l'architecture américaine que nous blaguons en France avec tant de parti pris et qui, au demeurant, a le mérite de la recherche et de l'originalité dont nos modernes édifices parisiens sont si totalement dépourvus. Mais passons vite...

Nous arrivions à Rittenhouse Square, où commence l'interminable file des maisons particulières du West-End philadelphien, et mon *cabman* se préparait à me faire repasser le Shuylkill; mais j'arrêtai son beau zèle, et, lui mettant dans la main les quelques dollars qu'il me demandait, je le plantai là, pour partir en quête d'un hôtel ou d'un restaurant où l'on voulût bien me servir un *luncheon* qui serait pour moi un déjeuner dînatoire auquel j'avais tous les droits, car je jouissais d'un appétit pantagruélique, digne de Grandgousier.

Je trouvai mon affaire à *Colonnade Hotel*, à la fois hôtel et restaurant, au coin de Chestnut street et de la Quinzième Rue, à proximité de Broad street, que j'avais encore à parcourir si je voulais avoir de Philadelphie une vue en long comme en large.

Après un repas à l'américaine, rapide et solide, j'allai à pied jusqu'au carrefour de Chestnut street et de Broad street. Là, je pris d'assaut le premier omnibus se dirigeant sur le sud, dans l'intention de descendre la rue jusqu'à la boucle de la Delaware, en face League Island. Mais lorsque j'eus passé

PHILADELPHIE. — City Hall.

devant les *Public Buildings*, au coin de Market street, énorme bloc d'édifices en marbre blanc avec une tour centrale de 530 pieds environ, toute une série de clubs et de théâtres, parmi lesquels je remarquai l'*Union League Club* et l'Académie de musique, la salle d'exposition de la Société d'horticulture, la luxueuse église appelée *Beth-Eden Baptist Church*, l'hôpital des sourds-muets, la *Ridgway Library*, qui n'est qu'une succursale de la grande bibliothèque de Philadelphie, et l'hôpital catholique de Saint-Agnès, il me parut que les maisons s'éclaircissaient et faisaient place à des cultures maraîchères. Une reconnaissance à travers quelque Grand-Montrouge pennsylvanien me souriait peu. Je m'informai, et j'appris que cela continuait ainsi jusqu'au fleuve. Il n'eût tenu qu'à moi d'avoir les plus précieux détails sur la variété et la succulence des légumes, sur le loyer et le revenu de la terre ; tous les *passengers* de l'omnibus étaient prêts à éclairer patriotiquement le *stranger* sur une des grandeurs nationales ; mais je sautai dehors et rebroussai chemin, jusqu'à ce que l'omnibus montant m'eût atteint. Je m'y précipitai, et, profitant de ce que je refaisais le même chemin pour griffonner quelques notes hâtives, je ne tardai pas à arriver de l'autre côté de Chestnut, dans la partie de Broad street que je n'avais pas encore traversée. J'en fus averti par un grand édifice aux lignes byzantines, que je ne connaissais pas encore, et qui est l'Académie des Beaux-Arts. Des collèges, des ateliers de construction de locomotives grandioses, comme ceux de Baldwin, une synagogue, et toujours Broad street, qui n'a pas moins de 15 milles de long, à travers un quartier fait de maisons riches et d'églises, où les oisifs se promènent volontiers, jusqu'à Germantown, où Washington fut battu par lord Howe, et qui est devenu une sorte de faubourg où les commerçants et les spéculateurs du centre aiment à avoir leur résidence particulière.

La nuit venait, malgré la longueur des jours en cette saison. Je redescendis Broad street par le tramway électrique, et prenant à l'embranchement celui qui monte Ridge Avenue, j'eus encore le temps de parcourir aux lumières un des quartiers intéressants de Philadelphie, jusqu'au magnifique et joyeux jardin qui est le cimetière de Laurel Hill, touchant Fairmount Park. C'est sur ce parcours que se trouve le *Girard College*, fondé par un de nos compatriotes, Étienne Girard, qui, venu sans le sou à Philadelphie, y mourut en 1831, laissant aux orphelins indigents une fortune dont le capital est actuellement évalué à quinze millions de dollars.

D'autres monuments seraient à voir sur l'autre rive du Schuylkill, comme le *Drexel Institute*, dont on me vanta l'élégante ornementation extérieure en briques et en terre cuite, et qui contient une bibliothèque, un muséum d'art industriel et technique, des laboratoires, des salles de cours, de conférences et de concerts. Mais il était décidément trop tard pour ce nouveau voyage, et, l'avouerais-je, je brûlais de terminer ma journée au théâtre, dans l'une des salles les plus fréquentées de Philadelphie ; — on y donnait une sorte de spectacle-féerie, quelque *Black crook* monté avec magnificence. J'y admirai plus encore que la mise en scène très nouvelle et originale, avec des modes d'éclairage gradués d'un goût véritable, la disposition de la salle vaste, claire, élégante, sans décorations parasites, une salle comme j'en vis tant d'autres un peu partout sur mon parcours et comme Paris, la dernière des métropoles pour le confort de ses théâtres, n'en possède, hélas ! aucune qui puisse être mise en parallèle.

Vers minuit je rentrai. L'électricité me semblait lente pendant qu'elle me ramenait vers le lieu hospitalier où j'allais oublier ma fatigue avant de repartir dès le lendemain matin ; mais je regrettais vivement de ne pouvoir m'installer pour une semaine ou deux à Philadelphie où il me semblait qu'il ferait bon de vivre en de lentes ballades à travers les jardins, les parcs et la campagne environnante.

BALTIMORE. — Vue d'ensemble prise de Federal Hill.

BALTIMORE

Lorsqu'on a quelques heures à peine pour mettre dans sa mémoire l'image sommaire, mais exacte, d'une grande ville, il est important d'avoir, soit un point central autour duquel on gravitera, soit une base d'opération bien déterminée, avec une direction générale à suivre. C'est ce dernier mode de procéder qui s'impose à Baltimore. La base d'opération est le port, sur la branche septentrionale du Patapsco, et la ligne de direction Baltimore street, qui traverse toute la ville de l'est à l'ouest, un peu au-dessus du port.

A peine arrivé, je me rendis, par les tramways de Baltimore-Sud, à *Federal Hill*, parc planté sur une colline, tout près du bassin intérieur, et d'où l'on a une belle vue d'ensemble de la ville, que l'on peut varier en se tournant vers la rivière et la baie de Chesapeak, qui n'est qu'à 14 milles de là.

Du même côté, mais tout à l'entrée du port extérieur, le fort Mc Henry, qui soutint le bombardement des Anglais en 1812, m'attirait médiocrement. J'aime ce brave fort pour sa bonne tenue sous les obus d'une mère patrie trop encline à menacer des verges son enfant émancipé, mais je résolus que cet amour resterait platonique. L'objet en était trop loin. C'était une ville, et non pas quelques vieux bastions héroïques, que j'étais venu voir.

Je revins donc à pied de Federal Hill à Baltimore street, contournant le fond du port, à travers les plus grouillants quartiers et les plus laborieux. J'avais là, sous les yeux, la vie même de cette ville de près de 450,000 âmes. Les grains, la farine, le tabac, le coton, le bois de charpente, la houille, les conserves, le lard salé ou fumé, s'entassaient dans les entre-

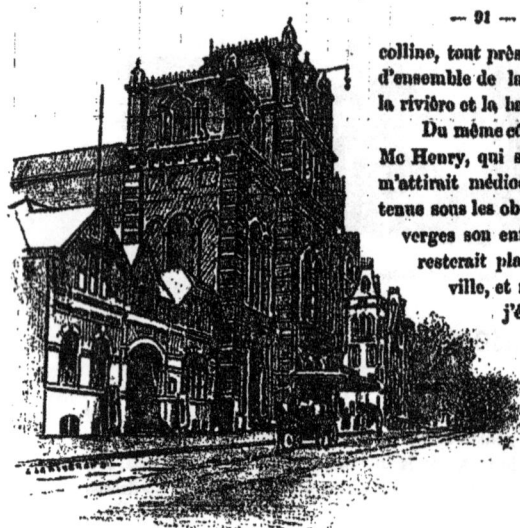

BALTIMORE. Natatorium. — Academy of Music.

pôts et sur les quais, ou s'engouffraient dans les flancs des navires en charge. Des troupeaux de bœufs attendaient, dans d'immenses parcs, leur tour d'embarquement. Des amas formidables d'engrais chimiques, pour la fabrication desquels Baltimore est sans rival aux États-Unis, occupaient, en sacs ou à nu, des *wharfs* entiers. Ailleurs s'étaient des amoncellements de cuirs; ailleurs des fers façonnés, clous et quincaillerie; partout une activité que l'usage des machines de toute sorte rend presque inquiétante, surtout à nos yeux accoutumés au travail calme et lent des débardeurs de la Seine.

BALTIMORE. — La rue de la Bourse.

Un tramway électrique me mena promptement d'un bout à l'autre de Baltimore street. C'est là et dans les rues adjacentes que le monde des affaires a ses magasins, ses bureaux, ses *offices* et *countinghouses*, subdivisions de l'immense royaume que gouverne durement et capricieusement le roi Dollar. Le seul édifice qu'on y remarque en dehors des maisons de commerce ou de banque est le *Maryland Institute*, destiné à favoriser le progrès des arts mécaniques. Encore tout le rez-de-chaussée est-il consacré à un marché public, le *Center Market*. C'est au-dessus des légumes, de la volaille et de la marée que se font les cours et que se conservent les 21,000 volumes dont se compose la bibliothèque de l'institution.

Je quittai le *cable car* un peu avant qu'il sorte de Baltimore street pour s'engager dans Calverton road et les faubourgs de la ville, et, traversant Franklin Square, j'allai prendre l'omnibus qui dessert Saratoga street, et qui, presque parallèlement à Baltimore street, me ramènerait à la hauteur de mon point de départ.

Il y a là une sorte de parallélogramme irrégulier, de superficie restreinte, et qui contient, entre Calvert, Fayette, North, Lexington, Holliday, Charles, Mulberry et Cathedral streets, une véritable agglomération d'édifices. En voici, à bâtons rompus et dans la confusion de ma mémoire insuffisamment aidée par des notes prises en courant, l'énumération écourtée. En tournant à gauche et en se dirigeant au sud, on se voit bientôt en face d'un énorme bloc de marbre, surmonté d'un dôme de fer, et auquel un balcon fait une collerette à 250 pieds de la rue. C'est l'hôtel de ville, *City Hall*, dont la construction a coûté 2,271,135 dollars. L'argent entre pour beaucoup dans l'esthétique yankee. Si vous lui montrez une œuvre d'architecture ou d'art

BALTIMORE. — La rue Calvert.

BALTIMORE
South street et Baltimore street.

on lui demandant ce qu'il en pense, l'homme des États-Unis vous répondra volontiers par cette question : « Qu'est-ce que ça vaut? » Il a besoin de ce renseignement pour régler l'élan de son admiration. L'hôtel des Postes, les différentes Bourses sont à proximité, ainsi qu'une grande synagogue admirablement placée là.

En remontant un peu, on rencontre l'*Athenæum Building*, au coin de Saratoga et de Saint-Paul streets, qui contient les intéressantes bibliothèques de la Faculté de médecine et de chirurgie et de la Société historique de Maryland. Mais passons. Tout à côté, au coin de Charles street, le siège de la *Young Men Christian Association* se fait remarquer par l'élégance de sa structure et l'intelligence de sa disposition. Dans la même rue, on propose à l'admiration un temple maçonnique que je me permets de trouver lourd et prétentieux. Mais je m'aperçois que j'allais laisser en arrière une des curiosités dont les gens de Baltimore sont le plus fiers. Cela s'appelle *Merchants' Shot-Tower*. C'est une tour pour la fabrication du plomb de chasse. Elle a 216 pieds de haut, de

40 à 50 pieds de diamètre, elle a absorbé un million cent mille briques, et on la voit de presque tous les points de la ville!

Le temps était beau. Un vent vif et vivifiant venait du côté de Chesapeake Bay. Je marchais allégrement, d'un pas élastique, heureux de respirer, au lieu des relents et des poussières des cars et carriages, un air frais et naturel. Je tournai à gauche dans Saratoga, jusqu'au coin de Cathedral street, marqué par le *Hall* des *Odd-Fellows* qui y possèdent une bibliothèque considérable. Comme son nom l'indique, c'est le chemin de la Cathédrale, édifice compliqué, pourvu d'un dôme et de deux grandes tours à minarets. Elle est célèbre par ses orgues, les plus grands d'Amérique, dit-on, et j'y ai aperçu deux ou trois tableaux de l'école française qui ne m'ont pas semblé sans valeur. Un peu plus loin, au coin de North Charles street et de Franklin street, s'élève l'église des Unitariens, qui a cinq portes de bronze derrière son portique à colonnes.

J'avais en poche une lettre pour l'honorable W. T. Walter qui, en son hôtel somptueux de Mount Vernon Place, possède une des plus

Tombeau d'Edgar Poë.

riches et des plus curieuses galeries d'art de toute l'Amérique. Je m'y rendis et fus accueilli par le maître de céans, malheureusement podagre, avec une cordialité rare. Cette galerie, comment en parler en deux lignes? Gautier, Saint-Victor ou Thoré y eussent consacré vingt colonnes admiratives; dix pages ne me sembleraient pas excessives, d'autant mieux qu'à côté des plus éclatants chefs-d'œuvre, je pus m'extasier encore sur une collection de japonaiseries qui eût fait pâlir d'envie E. de Goncourt, Cernuschi, Gonse et Gillot. Pour cette seule collection je reviendrais à Baltimore.

C'est dans une des églises de Baltimore, *Westminster Presbyterian Church*, que se trouve le tombeau du grand poète Edgar Poë, au coin de Fayette et de Greene streets. Je m'étais promis d'y faire un pieux pèlerinage ; mais il m'eût fallu recommencer, le long de Fayette street, la course à l'ouest que j'avais faite au début dans Baltimore street, et le temps, comme aussi le courage, me manquait.

J'avais déjà vu, — encore un oubli ! — entre Fayette et Lexington streets, le célèbre monument de la Bataille, *Battle Monument*, dans Monument Square, Calver street, élevé en 1815 à la mémoire de ceux qui avaient défendu la ville contre les Anglais au début du siècle. C'est une colonne, sur un soubassement de vingt pieds, surmontée d'une figure de femme symbolisant Baltimore. Des bas-reliefs,

BALTIMORE.
Entrée du cimetière de London Park.

des inscriptions et les noms des défenseurs enroulés autour de la colonne complètent l'ornementation. On m'avait parlé de plusieurs autres, car Baltimore s'enorgueillit d'être surnommée la *Monumental City*. Mais j'avoue que ces machines architecturales et statuaires ne m'échauffaient point. Il y a aussi le *Monument de Washington;* et cela, c'est « une autre paires de manches ». On ne traverse pas une ville américaine sans faire ses politesses au grand Américain.

Je poursuivis donc ma route, appuyant assez fortement à gauche, et en peu d'instants j'arrivai à l'intersection de Mount-Vernon place et de Washington place, où je pus admirer un Washington colossal, juché sur un fût de colonne de 135 pieds, érigé lui-même au-dessus d'un piédestal de 60 pieds carrés et de 35 pieds de haut. On se doute bien que le colossal Washington est ramené, par son élévation même, à des proportions assez humaines. Un revêtement de marbre blanc est plaqué sur les briques dont se compose la construction. Il y a une galerie autour de la statue, d'où l'on découvre toute la ville, le port et les campagnes environnantes. Le tout a coûté 500,000 dollars, soit 2 millions 500.000 francs, et on y monte pour trois sous. Je me suis d'ailleurs refusé cette satisfaction, trouvant plus de plaisir et moins de fatigue à économiser mes trois sous.

En face du monument est le *Peabody Institute*, fondation d'un banquier de Londres, George Peabody, à l'usage des gens d'étude en général. Il est, lui aussi, en marbre blanc et contient une bibliothèque de plus de 110,000 volumes, deux salles de lecture, un conservatoire de musique et une section des beaux-arts. D'un autre côté, sur la même place, s'élève l'église méthodiste de Mount Vernon, bâtie en pierres de différentes couleurs, — vertes, jaunes et rouges, — qui lui font un bariolage naturel assez bizarre et ornée de dix-huit colonnes en granit poli d'Abeedeen. On aperçoit de là, à quelque cent mètres plus loin, la *First Presbyterian Church*, dont le joli clocher, flanqué de deux tours inégales, s'élève à 268 pieds, et dont la décoration intérieure passe, m'assure-t-on, pour être d'une grande richesse. La vue du clocher m'a suffi.

BALTIMORE.
Monument de Washington.   Église de Mount-Vernon.

La belle ardeur de tantôt avait fait place à une lassitude générale. Mon esprit s'affaissait sous les tas de pierres dont mes yeux avaient absorbé l'image ; mes jambes, pour employer une expression vulgaire, mais expressive, commençaient à me rentrer dans le corps. J'avais avalé à la hâte je ne sais quelles nourritures dans je ne sais quel *bar* rencontré sur mon chemin. Il ne me restait plus que le temps de prendre un plus sérieux réconfort et de me faire conduire à la gare. J'arrêtai donc là ma promenade d'explorations sans même pousser jusqu'à la fameuse *John Hopkin's University*, que je savais tout près. Je remis les promenades à la mode : North Charles street, Eutaw place, Druid Hill Park, et l'excursion aux lacs Montebello, Raven et Roland, qui fournissent la ville d'eau potable, pour un prochain voyage, car Baltimore vaut mieux que la rapide connaissance que je viens de mentionner.

WASHINGTON

Washington a l'aspect calme, élégant, aristocratique d'une ville privilégiée dans une démocratie ; l'esprit des affaires n'y a point pénétré ; on s'y sent haleter au sortir de New-York et de Philadelphie, l'on aime à voir ces immenses avenues, ces larges squares, ces places athéniennes peuplées par des gens qui oublient de courir et chez lesquels la démarche implique l'idée d'une reposante méditation.

On a comparé cette cité gouvernementale, — dont les heureux habitants sont exclus du droit de vote, — à Versailles, tout au moins au Versailles de 1871 à 1873 ; la comparaison est attrayante, mais d'une justesse relative. Versailles est une vieille ville, veuve des splendeurs royales, endormie dans les souvenirs d'un passé éclatant; c'est une douairière qui parle à l'esprit et au cœur, mais sur la physionomie de laquelle toute expression moderne semble désormais bannie. Washington, au contraire, est une jeune parvenue, brillante de fraîcheur, d'exubérance et d'expansion; tout en elle indique le désir de vivre, de s'asseoir au premier rang de nouveau monde, de devenir l'Athènes de l'immense république; déjà elle montre fièrement son monumental Capitole, et ses maisons dans le style néo-grec font un trompe-l'œil extraordinaire et imposant l'admiration dès le premier moment.

Un air de grâce, de fête, de quiétude et d'abondance est répandu partout sur cette ville déjà immense et qui, il y a quarante ans, n'était qu'un médiocre faubourg. On y restait à l'aise, heureux de constater tant d'efforts vers une renaissance de l'édifice antique, tout un plaisir de déambuler parmi ces granits solides et ces marbres qui ont la neigeuse clarté des statues neuves; tout y semble sain, propre, coquet à l'extrême, et la vie qui circule, active et cependant sans fracas, dans ces voies nouvellement ouvertes, donne une sensation de vigueur, de poussée en avant, de prospérité puissante, qui n'est pas sans inquiéter l'esprit d'un curieux Européen perspicace et sans préjugés.

WASHINGTON. — Statue de Garfield.

Ce qui me charma surtout dans cet Eden tout flambant de nouveauté, ce fut la beauté absolue, la

— 100 —

décoration incomparable des jardins, des parcs et des squares ; Washington est en avance de plus de deux semaines comme végétation sur New-York.

Je voyais pour la première fois le complet feuillage d'Amérique et j'admirais sans réserve ces gazons gras dont le vert ferait pâlir celui des pelouses célèbres d'Oxford. Sur un humus noir et généreux, des arbres superbes étaient plantés, de toutes provenances, du Japon, de la Chine, du Pérou, et de tous ces fûts branchus, d'essences variées, une floraison inconnue surgissait rose, rouge, pourpre et liliacée, ainsi qu'en un pardon point sur quelque *hakemono* printanier. Des magnolias géants formaient des bouquets de fleurs phénoménales et jonchaient déjà le sol de la blancheur rosée de leurs pétales. Des arbres de Judée empourpraient les massifs lointains, et je me

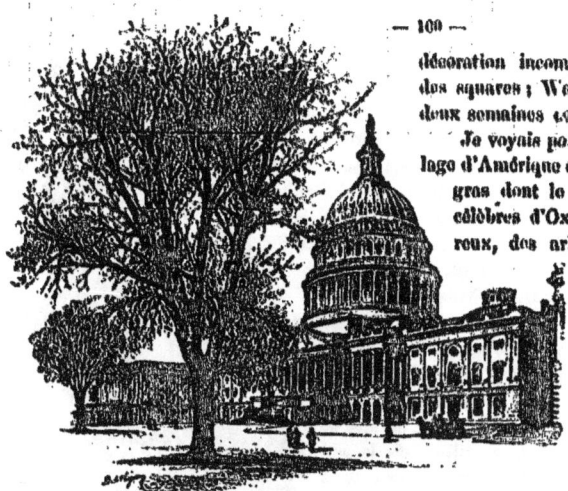

WASHINGTON. — Le Capitole.

sentais confus d'ignorer le nom de tant d'espèces d'arbres fleuris qui, dans l'air clair et délicieusement soleillé du matin, apportaient tant de couleurs et d'imprévue décoration, alors que sur les maisons rouges aux *window* en relief, des lierres du Japon aux feuillages exquis se tapissaient en d'adolescentes verdures ! Jardins de l'Alcazar, apparus jadis si laids à mon regard, n'êtes-vous point de fausses délices auprès des parcs fleuris de Washington !

La ville des nègres. — Dans un tout autre ordre d'idées, je fus non moins impressionné par les nègres qui sont au nombre de plus de soixante-quinze mille dans la cité présidentielle. Oncques n'en avais tant vu ni en Orient, ni dans nos possessions d'Afrique. Déjà, la veille, dans le *dining-car*, ils affluaient en

A WASHINGTON. — La milice noire.

Une élégante.

tenue de service, veston blanc et fleur à la boutonnière ; mais dans cette ville voisine de la Virginie leur pullulement est surprenant et fort drôle. Partout on en coudoie, on en frôle, la rue est pleine de petits diables noirs et de négresses coiffées de chapeaux à fleurs, rondouillardes, difformes et d'une prétention au *chic* qui est d'un inexprimable comique.

À l'hôtel, sonne-t-on, ils arrivent ahuris, porteurs d'eau glacée dans laquelle ils éternuent avec une sérénité puérile et honnête qui fait éclater instinctivement le rire ; à l'office, ils sont alignés dans des bizarres livrées mastic et ils regardent l'étranger avec des yeux curieux dont l'iris semble rempli de bonté affectueuse comme celui du phoque et dont la sclérotique est noyée d'ictère. Ah ! la simiesque et amusante engeance ! On dirait parfois d'automates ou de fallacieux minstrels en veine de vous entraîner dans quelque hilarante pantomime à la façon des Hanlon. A tout ordre, ils répondent par un invariable *yes, sar!* plein de nonchalante complaisance; ils sont corrompus par les blancs. Chaque jour ils se relâchent, et ces échappés de la *Case de l'oncle Tom* sont en train de devenir les plus mauvais serviteurs de la création.

Promus maîtres d'hôtel ils se relèvent et apparaissent corrects comme des diplomates élevés en Haïti ; il faut les voir dans les restaurants de l'*Arlington*, en habit, cravatés de blanc avec des coupes de barbes dignes d'être adoptées par les plus élégants attachés d'ambassade ! Ils sont impassibles et superbement décoratifs, soigneux pour le dîneur, prompts à surprendre ses désirs et inimitables pour porter les plateaux à la façon des maures sculptés, fabriqués à Venise comme lampadaires de vestibules.

On aime à être servi par ces hommes de bronze dont la tête d'ébène émerge de la blancheur de plastrons impeccables ; point de confusion ni de gaffe possible. Le *Black and white* ici a du bon ; le gouvernement des États-Unis n'a pas eu tort de dire solennellement aux nègres : *Continuez.*

A LA MAISON BLANCHE
UNE VISITE AU PRÉSIDENT CLEVELAND

Venu à Washington pour saluer le président Cleveland et tâcher de l'interviewer au nom du *Figaro*, j'avais eu la malchance de ne pas ren-

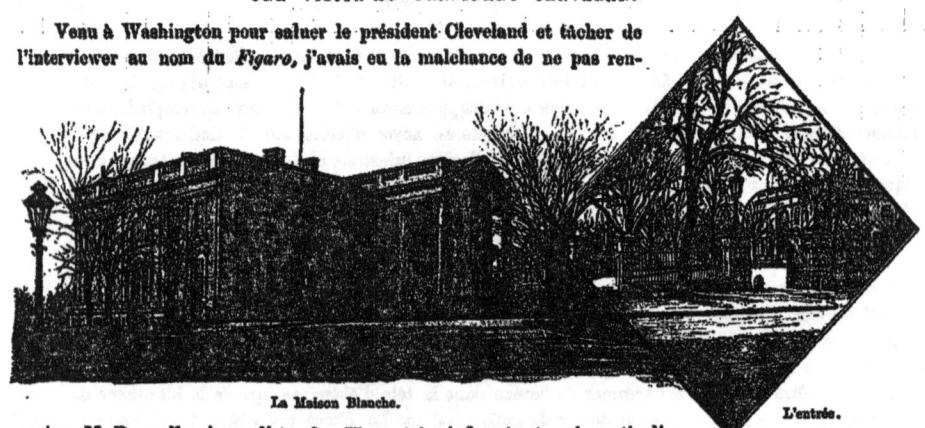

La Maison Blanche.   L'entrée.

contrer M. Dunnelle, journaliste du *Times,* très influent, et ami particulier du chef de la démocratie américaine. La concentration des flottes de tous les pays à *Hampton Road* avait attiré vers l'estuaire du Potomac l'élite des Washingtoniens. J'errais donc avec la mélancolie des espoirs déçus, lorsque le hasard me fit rencontrer au *National Museum on Smithsonian Institute* toute une collection d'amis inconnus qui, avec une courtoisie empressée, téléphonèrent à la *Maison Blanche* pour me préparer une audience particulière pour le lendemain.

Je payai ce service au prix d'une promenade admirative dans les diverses sections zoologiques, anthropologiques et minéralogiques de ce musée déjà considérable, et j'essuyai des conférences faites en un anglais fougueux par de zélés conservateurs auxquels je répondais par des *yes* éperdus, des *I never seen so magnificent collection!* des *That'cap'tal!* et autres phrases accablées, dont l'accent lamentable ne paraissait pas émouvoir mes bienveillants bourreaux.

Je dus luncher au milieu de six conservateurs, dont deux allaient partir pour Chicago afin d'organiser les *Government's buildings*, et, après avoir dégusté quelques huîtres à la poulette, des œufs d'alose, des *steaks* aux confitures et un inexprimablement exquis *Strawberry short cake*, j'eus le plaisir de recevoir une lettre de l'*Executive mansion*, dans laquelle le secrétaire particulier de la présidence, M. Henry I. Thurber, me mandait qu'il aurait l'honneur, le lendemain samedi, à midi, de me présenter au premier magistrat des États confédérés d'Amérique.

C'était *All right, for the better!* et je pus quitter le *National Museum* après la cérémonie d'innombrables cartes échangées.

L'Entrevue. — *At noon*, autrement dit à midi, le lendemain, j'entrais à *White House* sans rencontrer de concierge hargneux, d'huissiers inquiétants, de soldats menaçants ou de garçons de bureau insolents; maison ouverte au soleil et aux habitants, pas d'*antichambrage* ni de serviteurs zélés.

Je m'adresse au premier venu : — *Mr Thurber, please?*
— *Up stairs!*

Je gravis un petit escalier déjà encombré d'allants et de venants ; au premier étage, j'avise un vieux nègre très cossu, en jaquette, les mains dans ses poches ; il cueille ma carte avec un sourire plein de bonté enveloppante et, deux secondes après, il m'ouvre sans mystère la porte d'une vaste pièce où dix ou douze personnes se balladaient sans façon, le chapeau à la main ou sur la tête, ainsi qu'en un office quelconque de Broadway. J'étais dans le cabinet du *private secretary*.

Je regardais cette jolie pièce éclairée par de larges et nombreuses baies sans rideaux, s'ouvrant sur une campagne fleurie que bornait à l'horizon le fleuve Potomac, dont les eaux miroitaient sous le soleil, lorsqu'un petit homme actif et précis de diction et de mouvement vint me tendre la main ; la formule courante jaillit aussitôt de ses lèvres : « *How d'you do? Glad to see you! Seat, please!* »

Tandis que je prends place sur la moleskine d'un divan, l'honorable M. Thurber sort un papier de sa poche, casse un fragment de tabac

Mr Thurber, please?

roulé en carotte, engloutit cette chique sous ses molaires de droite et, visiblement satisfait, il court parmi les visiteurs, dit quelques mots brefs et définitifs à chacun d'eux, les expédie, et, sans se préoccuper des nouveaux entrants, revient à moi, s'asseyant, par exception, en marque de haute considération.

Dans un anglais torrentiel qui glisse sur mon crâne sans s'infiltrer entièrement dans mon intellect, il m'explique son désir de me présenter aussitôt au président, en m'avisant que je ne dois pas songer à une interview pour le moment, M. Cleveland étant fort préoccupé par la démission de son trésorier, par la venue du duc de Veragua, et par ses préparatifs, car il est à la veille de partir pour la revue navale du 27 avril et pour Chicago. Aux nouveaux venus qui entrent, quémandeurs, hommes politiques, électeurs, le secrétaire, debout, toujours chiquant, dit quelques phrases hâtives, et tous ces Américains, habitués au langage concis, ne sont pas surpris de ces façons de *to make a short cut*. Eux aussi sont pressés. Un simple bonjour hâtif et ils se retirent.

Il n'y a pas quatre minutes que je suis là; quinze personnes ont été entendues et congédiées; déjà le petit secrétaire débrouillard me fait un clignement d'œil amical et significatif et, la main sur le bouton de la porte intérieure de son cabinet, il m'indique que le moment est favorable.

A LA MAISON BLANCHE. — Un jour de réception.

Je le suis; il me pousse en avant dans une nouvelle pièce simple, vaste et radieusement claire ; une dizaine de gentlemen y sont assis sur des fauteuils ou étendus sur des divans en tenue du matin, silencieux, se balançant avec le mouvement du rocking-chair. Au milieu d'eux, près d'une immense fenêtre, debout, accoté à sa table, le président Cleveland m'apparaît avec son allure bonhomme ; il cause d'une voix tiède et voilée avec un interlocuteur infirme, debout également, sur des béquilles d'érable. Dans l'éclat de cette lumière hollandaise, je le trouve beaucoup plus vieux, plus blafard de visage que ne me le faisaient voir ses portraits; la fatigue, les veilles, la cuisine des ambitions, l'incessant souci des affaires lui ont décoloré la face, dont les bajoues sont grenues et pour ainsi dire maroquinées. Déjà l'homme aux béquilles s'en va clopinant, c'est mon tour ; Thurber me présente, la phrase obligatoire m'accueille :

— *How d'you do?... Glad to see you!*

La main grasse, molle, comme capitonnée du président s'abat cordialement sur mon gant.

Cleveland me demande si je fais ma première visite en Amérique. Il me questionne : comment je m'y trouve, si New-York et Washington m'ont séduit? Il paraît ravi de mon admiration sincère ; doucement il me dit que, si je séjourne dans la ville du gouvernement, il espère que je lui ferai fréquemment visite et se met sans phrases, gentiment, à mon entière disposition, s'inquiète de mes besoins, de mes désirs, tout cela avec une rondeur touchante, ainsi qu'un simple citoyen largement hospitalier.

Je le questionne :

— Parlez-vous le français ?

A LA MAISON BLANCHE. — The President's office.

— Pas l'ombre d'un mot, mais Mme Cleveland le parle un peu.

— Aimez-vous la France ?

— Certes, d'instinct, profondément, mais ne la connais point et ne sais si je pourrai jamais réaliser le désir que j'ai de la visiter.

— A quoi attribuez-vous votre phénoménal succès lors des dernières élections ?

Il sourit assez finement et répond :

— D'aucuns disent à mon mérite, je dirai plutôt à ma chance et à mon honnêteté. Je ne suis que le serviteur fidèle, dévoué, infatigable de mon pays.

Je me lance alors à lui demander ce qu'il pense de l'immigration restreinte, de l'annexion du Canada, du coinage de l'argent, de la quarantaine nationale, des affaires d'Hawaï et des tarifs; mais le président se dérobe en souriant d'un air énigmatique, et derrière moi le terrible petit secrétaire me tire par un pan de ma redingote avec frénésie. Il semble me dire : « Hé, là-bas ! vous sortez de nos conventions ! »

Je jugeai que je ne devais ni ne pouvais poursuivre l'expérimentation chinchollesque; je m'excusai donc auprès du président de lui offrir un anglais aussi peu conforme à celui qu'illustra Longfellow; mais Cleveland aussitôt, avec la politesse joyeuse et sonore de ses compatriotes, me

LA MAISON BLANCHE. — Vue sur les jardins.

serra la main avec force, disant d'une voix bondissante de bonne camaraderie joyeuse : « *Oh! you speak beautifully indeed, and I hope to hear you again!* » — Touché de tant de bonne cordialité, je quittai le chef de la démocratie américaine, me sentant encore accompagné par son regard plein de bonté honnête et larmoyante.

Toujours suivi de l'aimable et menu secrétaire, je rentrai dans son cabinet, où je fus présenté à plus de vingt confrères de la presse républicaine, qui tous m'offrirent sympathiquement leurs bons offices. Nous échangeâmes des cartes et l'espoir de nous revoir à la *World's fair;* puis, encore guidé par le sympathique M. Thurber, qui envoyait allégrement à terre les brunes salivations de sa chique, je visitai en détail cette *Maison Blanche* si bien nommée et qui rappelle par sa simplicité, son heureuse et coquette architecture Louis XVI, ce joli bijou de notre *Légion d'honneur*, orgueil du quai d'Orsay, où il n'est pas un artiste ni même un philosophe qui n'ait rêvé de vivre.

Le soir, les journaux de Washington contenaient tous des entrefilets en tire-l'œil sous des titres curieux tels que : *Étranges opinions d'un Français sur Washington. — M. Cleveland et un Français de distinction à la Maison Blanche: Ce qu'un Parisien pense de Washington.* Je fus vraiment étonné d'avoir tant parlé, tant émis de pensées judicieuses et agité tant de questions internationales. Pour la blague, en vérité, tous les journalistes se valent, ceux d'outre-Océan et ceux d'ici.

PROMENADE A WASHINGTON

Washington est une des rares villes d'Amérique qui soient favorables à la flânerie lente et au nonchaloir du promeneur ; ses avenues et ses rues immenses, souvent plantées d'arbres, malgré l'activité qui les envahit, n'endiguent pas comme à New-York un flot humain qui entraîne l'individu plus hâtivement qu'il ne voudrait dans sa course. Ce fut donc d'une allure reposée et sans hâte que je m'aventurai le long

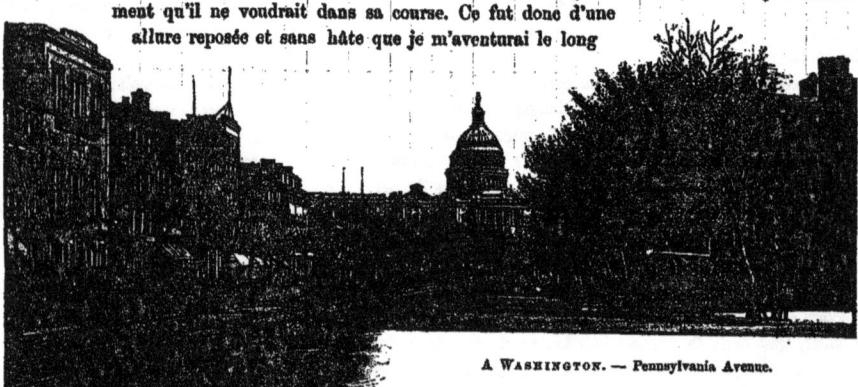

A WASHINGTON. — Pennsylvania Avenue.

de cette *Pennsylvania Avenue* qui est la plus commerçante et la plus fashionable de la ville gouvernementale. Cette voie centrale relie le Capitole à la Maison Blanche, d'une part et, d'autre part, la Maison Blanche à Georgetown. Je me dirigeai vers le Capitole, dont je voyais déjà au loin la puissante coupole, et après avoir, à main droite, curieusement observé de somptueux étalages, quelque peu bouquiné chez des libraires, inspecté un énorme marché et admiré l'ordonnance ingénieuse du Jardin botanique, je débouchai sur l'immense place du Capitole, dont la situation élevée et l'étendue sont incomparables. Je pus admirer en face ce bâtiment colossal, orgueil des Washingtoniens, qui, comme tous les Américains, sont légèrement possédés de la manie mégalithique.

Comment exprimer cette œuvre vraiment surprenante, vue à rebours de sa façade véritable ! Campez le dôme de Saint-Paul de Londres au milieu du palais de justice de Bruxelles, flanquez ce bloc démesuré de deux acropoles, imaginez le tout bâti en superbe granit d'un ton gris ardoise délicieux, et, pour que l'idée moderne ne perde pas ses droits, concevez la coupole centrale fabriquée en fonte peinte en simili-pierre, vous aurez une vague idée de ce Léviathan. Les deux côtés du monument sont exécutés dans le style de la colonnade du Louvre; il se dégage jusqu'alors une véritable sensation de grandeur qui impose le respect de ceux qui, par leur volonté, ont élevé le plus grand peut-être des édifices du siècle; mais lorsque, vous tournant vers la façade, vous voyez le colosse sous son jour d'entrée, la désillusion vous saisit, le géant semble s'être agenouillé, accroupi : il a perdu toute sa noblesse.

J'exprimais précisément au président Cleveland, le jour de mon entrevue avec lui, et sur cette question attendue : « Que pensez-vous de notre Capitole ? » cette déplorable faute d'harmonie architecturale : « C'est l'avis unanime, me dit-il, mais qu'est-ce cela ? nous referons la façade. »

Ces hommes ne doutent de rien; ils avouent leurs erreurs et sont toujours prêts à les réparer. « Nous referons la façade; » ce mot, paisiblement exprimé, serait digne d'être consigné par les Plutarques du Nouveau Monde, — il a son héroïsme.

Du Capitole, je me dirigeai par l'avenue de l'Est à Lincoln square, qui a l'exquise beauté verdoyante de tous les jardins de cette ville heureuse; au retour, je traversai Garfield Park et les ravissantes pelouses qui enveloppent le *Smithsonian Museum*. Sur tout mon parcours, parmi la population bourgeoise de la ville, les nègres principalement m'amusèrent à regarder; j'en rencontrai de toute nature, depuis le milicien noir, sanglé dans son uniforme, le cigare aux lèvres, plus fier qu'un horse-guard paradant à Windsor, jusqu'au nègre ouvrier, à

WASHINGTON. — Vue d'ensemble du Capitole.

mine réjouie, qui exerce toutes les professions, dont entre autres la plus curieuse comme contraste est celle de blanchisseur de plafonds, qui laisse sur le masque ténébreux des travailleurs les mouchetures de chaux les plus comiques.

Du côté de *Marine barracks*, assez près de l'*Anacostia River*, j'assistai même à une danse de nègres de la Floride; ils étaient trois : l'un jouait du banjo, le second dansait une sorte de gigue épileptique d'un rythme bizarre et effréné, et la troisième, car c'était une femme, une grosse négresse aux appas formidables et tombants, se pâmait de plaisir sur un banc rustique, poussant des cris farouches, des encouragements en fausset d'une irrésistible drôlerie.

Avant de rentrer à l'*Arlington* pour l'heure du lunch, je vis un de ces noirs assis au coin d'un square qui me contemplait avec un œil chargé de bienveillance soulignée d'un affectueux sourire. Je lui demandai mon chemin, simple prétexte pour connaître la source de cette très sympathique mimique. Oh! surprise! De cette bonne bille noire un flot de mots style *bamboula* fit irruption :

— Vous Français, moi content, très content!
— Mais d'où viens-tu?
— Moi né en Haïti, ma patrie; connais France, longtemps habité en Bayonne; vais conduire vous...

Un blanchisseur de plafonds.

Et il me précéda en sautillant comme un coureur égyptien.

J'eus toutes les peines du monde à me défaire de cette sombre sympathie. Je donnai à ce compatriote de Salomon et d'Hippolyte suffisamment de pièces blanches pour se gorger de gin et de wisky en souvenir du Français de passage.

Le soir, un ami vint me prendre en phaéton et rapidement me fit défiler devant le *Ministère des finances*, magnifique monument de style ionique, bâti sur le modèle du temple de Minerve à Athènes, puis devant le *Ministère de la guerre*, formidable de proportions, avec ses trois ou quatre étages de colonnades de marbre et dont peu d'édifices européens pourraient fournir un point de comparaison. On me cita son prix de bâtisse : 60 millions de francs. Au passage j'admirai le *Palais des brevets*, celui de l'*Agriculture*, l'*Hôtel des postes*, la *Fabrique des billets de banque*, le bâtiment des *Pensions*; puis, d'un trot rapide, nous gravîmes jusqu'au pied du *Monument de Washington*, sorte d'obélisque ou

Gigue des nègres de Floride.

d'aiguille démesurée, construit tout en blocs de marbre et qui fut inauguré en 1885, le jour anniversaire de la naissance du célèbre héros de l'indépendance des États-Unis. C'est le « clou » de la ville.

WASHINGTON. — Ministère de la Marine et de la Guerre.

L'élévation de cette folle construction qui domine la campagne est de 200 mètres environ; on y accède par un ascenseur à entrée souterraine qui vous mène sur le *top* ou sommet en quelques minutes. C'est la plus haute construction, s'empressa-t-on de me dire, après la tour Eiffel; mais je ne me souciais point d'aller contempler de là-haut le panorama de la

Colombia, et je préférai traverser le Potomac pour me rendre en Virginie, au fameux *Cimetière national*, près de l'*Arlington House*, une des plus belles et des plus agréables promenades des environs.

Nous passâmes la Rock-Creek, Georgetown, plutôt un faubourg pittoresque de Washington qu'une ville séparée, et après quelques détours en Virginie, sur la rive opposée du Potomac, mon aimable conducteur me promena dans le merveilleux parc qui sert de sépulture à plus de 4,000 soldats tués pendant les plus récentes guerres de sécession. C'est un *Paradou* plutôt qu'un cimetière que ce parc vallonné où jouent des écureuils, où chantent des milliers d'oiseaux dans les branchages d'arbres géants. De larges voies carrossables y sont tracées au milieu des pelouses, et rien autre ne révèle l'idée de la mort que de légères petites pierres blanches qui émergent du gazon. Pas d'importants mausolées, point de ces chapelles funèbres au style néo-gothique qui encombrent nos mornes nécropoles, une manière de grand jardin

WASHINGTON. — Smithsonian Institute.

royal au sommet d'une colline d'où la vue s'étend au loin sur la ville. Tous les officiers supérieurs des anciennes guerres ont droit d'inhumation dans ce terrestre paradis des derniers sommeils ; ils y ont leur clos réservé, tandis que les simples soldats forment d'autre part certains carrés particuliers où les pierres blanches se multiplient sans trop se rapprocher. C'est, du reste, une remarque intéressante à faire dans tous les cimetières américains que cette vaste étendue réservée aux dépouilles mortelles ; les morts ne sont point serrés davantage sous la terre que sur la terre.

Dans tous les champs de repos que je visitai, je fus frappé de la beauté des sites, de la poésie des bocages, du grand aspect des parcs où sont hospitalisés les cadavres.

Au cimetière d'Arlington.

Le culte des morts semble comporter moins d'ostentation que chez nous, où les cimetières sont d'affreux bazars de couronnes et d'architectures prétentieuses, surchargées d'épitaphes.

A New-York, à Philadelphie, à Washington, les provisoires vallées de Josaphat ont une ampleur, une frondaison solennelle que ne déparent point des monuments excessifs de pierre ou de marbre. De légères dalles ou mieux encore des bornes simplettes posées sur le gazon, ainsi que font les Turcs, rien qui déforme ou obstrue la vue du paysage conservé intact avec ses ruisseaux, ses bassins, ses cascades, ses pentes naturelles, ses gazonnements anglais. La mort y devient presque anonyme.

Mon hôte prit le soin de me faire revenir à Washington par le campement des soldats sur la côte virginienne. Je pus m'extasier à loisir sur le confortable des hommes et de leurs chefs, logés en des maisons de plaisance qu'envieraient nos plus fashionables Parisiens. Rien ne manque aux milices postées sur les hauteurs qui dominent la cité gouvernementale, les parcs de récréation, les pistes pour les chevaux, les halls de jeux, tout cela tenu luisant, propre comme des joujoux neufs. Je vis passer un escadron de cavaliers nègres superbement soudés à leur monture. Ce sont, paraît-il, les centaures des États-Unis ; il n'existe, dit-on, aucun corps de cavalerie qui vaille le leur.

Je négligeai d'aller en pèlerinage à Mount-Vernon, l'illustre maison où vécut Washington et où il fut inhumé. L'excursion est un peu longue, 15 milles en voiture, réclamant une journée supplémentaire. Je devais, du reste, revoir à l'Exposition

Officiers supérieurs.

— 120 —

de Chicago la reproduction exacte, y compris le musée intérieur, de la maison familiale du véritable dieu des Américains, qu'on retrouve en tout et partout.

Rentré le soir à Washington, je visitai les principaux clubs, tous supérieurement installés.

Je n'eus aucune curiosité pour les théâtres, peu nombreux en cette délicieuse ville qui ne semble pas s'être organisée pour les plaisirs du soir. Un orchestre faisait rage dans mon hôtel lorsque je rentrai vers minuit pour disposer mon départ du lendemain.

Toutefois, Washington me laissait un des plus gracieux souvenirs emportés d'Amérique; sa vie calme et cependant aucunement provinciale, son aspect altier et heureux à la fois, sa physionomie d'opulence sans morgue et de joie sans ostentation, ses jardins merveilleusement fleuris en font pour ainsi dire une Arcadie bienfaisante où il fait bon venir respirer, flâner et rêver après un séjour plus ou moins prolongé dans les grandes villes de l'Est ou de l'Ouest. Ni affaires, ni plaisirs bruyants, mais une société polie et charmante : une vraie ville pour philosopher.

Mount-Vernon.

EN ROUTE POUR CHICAGO

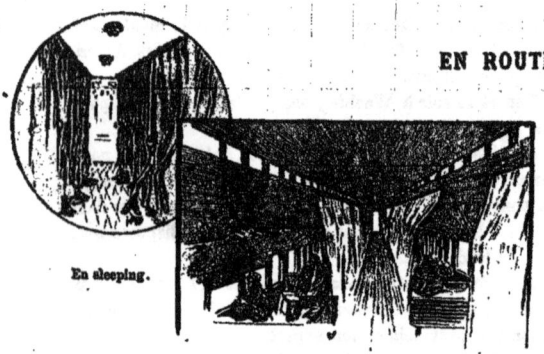

En sleeping.

Dortoir d'émigrants.

Les chemins de fer. — Pour se rendre de Washington à Chicago, il faut, par la voie de la Pennsylvanie qui est la plus courte, la meilleure et la plus pittoresque, environ vingt-deux heures. Toutefois, ce trajet, qui chez nous offrirait une certaine fatigue, n'apparaît ici que comme un plaisir, grâce à ce *Pennsylvania railroad* qui est réputé, à juste titre, comme le plus exact, le plus rapide et le mieux organisé des chemins de fer d'Amérique.

On ne peut se faire une idée en Europe, je le répète à satiété, du confortable et du luxe décoratif des wagons de Wagner ou de Pullman employés pour les grands express et qui sont munis de restaurants, de buffets, de *sleepings*, de salles de lecture, de coiffure, de bain, de lavabos, et de vestibules vitrés reliant toutes les voitures les unes aux autres. L'ingéniosité qui a présidé à la confection de chacun de ces *cars* est incomparable, et aucune des voitures n'est décorée de façon identique ; chacune

PENNSYLVANIA RAILROAD. — Un wagon-salon.

possède son originalité et est baptisée, ainsi qu'un navire, d'un nom qui la classe comme type spécial ; certains rapides représentent, comme matériel, une valeur dépassant un million de dollars.

Un système de chauffage à la vapeur maintient une chaleur égale et supprime les dangers d'incendie qui étaient à craindre autrefois avec les poêles chauffés au charbon. Des tuyaux, dans lesquels on peut à volonté ouvrir ou fermer la vapeur, sont placés sous les pieds des voyageurs.

A l'extrémité de chacune de ces voitures se trouvent, d'un côté, une fontaine d'eau glacée avec un verre, de l'autre, deux cabinets de toilette, très complets, à l'usage des *ladies* et des *gentlemen*.

Le plafond est élevé à dix pieds de hauteur; on y a ménagé une série de vasistas garnis de toiles métalliques très fines, donnant accès à l'air et garantissant les voyageurs des escarbilles et de la poussière. Les voitures sont éclairées au gaz.

Dans les voitures de grand luxe, dont on fait usage en payant un supplément, on trouve des wagons-salons, où se voient une série de fauteuils à bascule et articulés de façon à s'allonger ou à se placer dans les positions les plus confortables. Puis viennent les *sleepers* dont les nôtres en France ne sauraient donner qu'une idée très imparfaite, car il faut, en effet, que nos voitures, roulant sur une voie comparativement étroite, et passant sous des tunnels peu élevés, aient des proportions réduites qui leur ôtent les vastes dimensions qui font le charme et la commodité des wagons américains.

Dans chaque voiture de luxe se trouve un petit salon particulier, parfaitement isolé du reste des voyageurs. On l'appelle le « *State room* ». Il est divisé en deux parties. Le salon proprement dit avec un sofa et deux sièges très confortables, placés auprès d'une fenêtre, et une table pour prendre ses repas, lire ou écrire.

Servant de dining-car.

Les sièges et sofas se transforment en lits chaque soir. Le voyageur n'a pour cela qu'à toucher le bouton d'une sonnerie électrique, et un nègre (*porter*), spécialement attaché à chaque voiture, opère la transformation et se tient à ses ordres pour tout ce qu'il veut lui demander. La pièce attenant au salon est un cabinet de toilette particulier, pourvu de tous les accessoires que nécessite un assez long voyage, garni de cuvettes à bascule avec arrivée d'eau froide et chaude, et, bien entendu, l'indispensable filtre que le nègre tient soigneusement rempli de blocs de glace. Le prix supplémentaire pour occuper ce salon, qui peut contenir *trois lits*, est d'environ 65 francs par vingt-quatre heures. La salle à manger et la cuisine sont les accessoires obligés de tous les trains de luxe : la table est bonne, et un repas coûte 5 francs.

Le voyage de Washington à Chicago consti-

Dans les monts Alleghany.

tue donc une joie des sens et un étonnement continu. Le pays traversé est d'une beauté qui rappelle les plus beaux sites du Tyrol ou de l'Engadine. A partir d'Harrisburg il prend des proportions de grandeur qu'on ne saurait rencontrer en beaucoup de points d'Europe : ce sont des gorges sauvages, des fleuves immenses, comme le Susquehanna, franchis sur des ponts vertigineux, des courbes de montagnes plus hardies que les fameux lacets du Saint-Gothard, et ce qui relève encore le charme de ces monts Alleghany, ce qui, au sortir de cette fameuse courbe du *Fer à cheval*, rend grandiose le paysage de l'Ohio et de l'Indiana, ce sont les aperçus formidables des industries qui se sont établies dans la plaine, sur les cours d'eau et sur les pentes rocheuses des collines, ce sont les hauts fourneaux des fonderies qui flambent comme des torches immenses dans la nuit, ce sont les cheminées démesurées des cotonneries, des usines pétrolifères. En traversant l'extraordinaire ville de Pittsburg noyée dans la fumée et comme secouée par une trépidation d'activité ouvrière, il semble que l'on soit au pays de Vulcain.

La courbe du Fer à cheval.

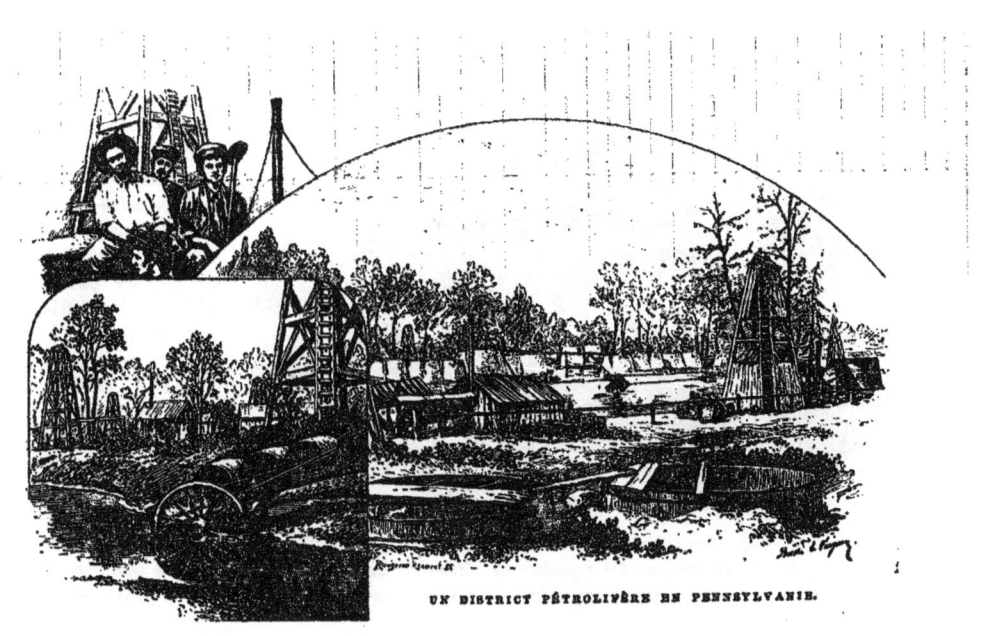

UN DISTRICT PÉTROLIFÈRE EN PENNSYLVANIE.

A CHICAGO.

CHICAGO

L'arrivée. — Sensations générales. — L'arrivée à Chicago est moins attrayante et ne répond pas à l'idée que l'on se faisait de cette ville, huitième merveille du monde, dont la croissance, disent les fanatiques, et ils sont nombreux, a été plus rapide que celle de *Jack's Beanstalk*, du célèbre conte américain. La première sensation qu'on y ressent est celle que donne toute ville manufacturière, au sol noir, à l'air lourd de fumées accumulées. On y pénètre au milieu d'un fracas de roues, de cloches de locomotives, dans un brouhaha de voitures, de bateaux sillonnant des canaux avec des mugissements de sirènes; on y trouve comme une image grandie d'une cité fondée par quelque Vulcain en délire. Tout y apparaît formidable, démesuré; les avenues se perdent dans des lointains inquiétants et les maisons portent vers un ciel voilé de fumées épaisses leurs altitudes de vingt et trente étages avec leurs bay-windows aux vitres froides et sans rideaux intérieurs.

Peu à peu, toutefois, au milieu des cars électriques, des tramways traînés par des haridelles et des cabs étranges filant d'un trait rapide vers leurs destinations, sans cris de cochers, sans luttes ni encombrement, on débouche vers une immensité claire, sur les bords du lac, en cette Michigan Avenue peuplée d'hôtels qui font face à de vertes pelouses et aux rives du lagon, malheureusement déshonorées par plusieurs réseaux de chemins de fer dont le trafic continu empanache l'horizon de fumée et donne à ces jolies plages, qui seraient faites pour le rêve, un aspect d'usine et une trépidation infernale.

Autour du lac Michigan.

A peine installé dans un des nombreux caravansérails du centre, une visite pédestre dans la métropole de l'Illinois s'impose. A la désillusion du début succède un étonnement qui va grandissant devant ces magasins divers, aux vitrines chargées d'objets voyants, de figures de cire servant de mannequins, d'affiches hurlantes de puffisme.

Des trains composés de plusieurs tramways à câble glissent sur la chaussée avec leurs éperons ou gueules de requins à l'avant, s'arrêtant une seconde au coin de chaque rue pour déposer ou cueillir rapidement et sans phrases des voyageurs hantés par le seul désir d'arriver quelque part ; des policemen, à casque de feutre marron, surveillent, indifférents, le passage des piétons au milieu de ce fleuve d'électricité agissante qui, sur nos boulevards, avec l'esprit musard du Parisien, ferait chaque jour des centaines de victimes. Des gamins prestes, subtils, agités, se faufilent partout dans cette cohue, distribuant aux acheteurs les journaux locaux : le *Herald*, la *Tribune*, le *Times*, l'*Inter-Ocean*, feuilles immenses, illustrés quotidiens de vingt à quarante pages qu'on est effaré de ne payer que deux ou trois sous et qu'il est impossible d'arriver à lire d'affilée.

Après avoir visité les grandes avenues de l'est qui coupent la ville du nord et du sud, la Wabash, State street, Clarke, La Salle et la Cinquième Avenue, toutes ruisselantes d'oriflammes, de drapeaux, d'annonces et effarantes d'activité ; après avoir levé la tête jusqu'à s'ankyloser le cou pour contempler les hauts *buildings*, le visiteur n'a de

Dans une rue de Chicago.

— 130 —

Chicago qu'une idée encore vague, si considérable que soit déjà sa surprise ou plutôt son ahurissement.

C'est vers l'ouest qu'il doit porter ses pas, en remontant quelque peu vers le nord ; il n'a vu jusqu'alors que les élégances commerciales de la grande cité ; mais, pour peu qu'il traverse quelques canaux, qu'il s'égare vers la gauche du lac en pleine vie industrielle, à travers des rues boueuses et laides, en des quartiers rappelant les misères du *White Chapel* de Londres, il verra l'activité, la fièvre s'exaspérer et comprendra la véritable grandeur et la puissante beauté de cette ville extraordinaire dont le surprenant mouvement du port est, affirment les statisticiens, infiniment supérieur à celui des docks déjà formidables de New-York.

Dans ces parages se trouve le vrai Chicago, le Chicago des affaires ; c'est là que, parmi un bourdonnement incessant de chemins de fer en marche, d'élévators à grains en mugissante activité, de forges martelantes, sous un ciel noir de

CHICAGO.
Pullman building pavoisé pour les fêtes.

fumées vomies, on voit tout à coup apparaître un réseau énorme de canaux, dont les ponts de fer tournants fonctionnent sans trêve pour livrer passage à d'immenses et élégants navires, blanches flottilles des lacs voisins, qui apportent et remportent en leurs flancs les grains dorés qui coulent des aérateurs, les bois du centre, les granits, les marbres superbes ou les blondes *ales* de Milwaukee.

À la vue de cette cité hurlante de labeurs accumulés, l'Européen est saisi d'un vertige ; ni à Anvers, ni à Liverpool, ni à Odessa, rien de semblable ne lui est apparu ; avant même d'avoir visité, à Jackson-Park, la *ville blanche* dont la richesse et la beauté l'ont attiré dans l'Illinois, il se sent payé de son voyage, des transes de la traversée et de la fuite journalière de ses dollars : le Chicago des docks, le Chicago des *Union Stocks Yards*, c'est le Chicago merveilleux, surhumain, invraisemblable, celui qui donne de la force et de la puissance industrielle l'idée la plus extraordinaire, la plus

DANS LE PORT DE CHICAGO

Les élévators
et les greniers à grains.

dantesque, car ce sont là des grandeurs infernales que l'on découvre, des visions d'outre-monde qu'un grand artiste comme Turner aurait fixées sur toile de façon impérissable.

Dans le centre même de la ville, avec ses hautes maisons à soubassements de grès, ses avenues assez mal pavées, ses trottoirs faits d'immenses monolithes, la boue noire de ses chaussées et l'odeur de fumée bitumineuse dont s'imprègne l'atmosphère, Chicago n'offre pas, en tant que cité de plaisance, l'aspect clair, gai, élégant de New-York, en ses beaux quartiers de Broadway et de la Cinquième Avenue.

CHICAGO. — Electric Bridge.

CHICAGO. — Le pont viaduc de Van Buren.

La physionomie des habitants également diffère ; l'allure correcte des hommes de New-York, la recherche du *chic* un peu extravagant chez la femme y disparaissent parfois pour faire place à je ne sais quelles tenues confectionnées uniformément pour une population hétérogène, hâtivement portée du Nord au Sud, ou du

Sud au Nord, dans une poussée d'affaires incessante, dont l'activité silencieuse et froide effare un Parisien habitué aux cris, aux rires, aux querelles, aux engueulades de la rue.

On peut difficilement se faire à cette idée que cette cité titanesque, — dont les maisons ont été construites si hautes que les rues ont, les jours de pluie, des clartés indécises et comme des suintements de cave — est sortie des ruines de son embrasement depuis 1872.

Avant cinquante ans, cette Babel, peuplée par l'excédent de toutes les nations du globe, sera peut-être la plus grande des métropoles du monde, tout l'indique, mais je doute qu'elle en soit la plus rieuse et la plus avenante. Aujourd'hui, c'est déjà la ville phénomène par excellence, la ville à laquelle aboutissent vingt-six lignes différentes de chemins de fer et dont les affaires annuelles se totalisent par un chiffre supérieur à six milliards de francs; toutefois, ces gloires me laissent froid, et l'énormité, qui a souvent sa beauté, ne possède à Chicago que l'accablante envergure des choses faites volontairement et comme par gageure, hors proportions, — dans l'amour vraiment puéril de l'Immense.

Les grandes maisons. — Je n'ai, de ma vie, rien vu de plus souverainement extravagant que ces maisons à vingt étages,

Marchande de tabacs et de chiques.

Chicago. — Randolph street.

ruches démesurées, percées d'innombrables fenêtres et qui, sous les noms de *Masonic temple*, de l'*Auditorium*, du *Tacoma office* ou du *the Chamber of commerce*, contribuent à donner à Chicago l'aspect d'une ville de barnums de la maçonnerie n'ayant pour devise qu'un enfantin : « *Toujours plus haut* ».

Je crois qu'il faut renoncer à faire comprendre à ces hommes qui voient gros et qui veulent étonner le monde par leurs maisons-citadelles les lois de l'harmonie. *Notre-Dame de Paris*, transportée à Chicago, ferait la plus piteuse mine du monde : ce serait un bijou enfoui sous la gigantomachie de la bâtisse.

Le temple de Gnide, en Carie, n'avait cependant que six petites colonnes ioniques, mais si jolies, si délicates, si parfaites qu'elles constituaient le canon de la proportion humaine : *la somme*, comme disaient nos pères.

Le style escaladeur du ciel des architectes altiers de Chicago est une provocation à la nature ;

malheureusement, l'esprit américain, amoureux du phénoménal et du surpassant, semble préconiser dans les constructions nouvelles ces folles cages à ascenseurs. *Quo non ascendum* est leur devise. Déjà New-York commence à se déshonorer par des monuments à quinze étages, dans un sentiment de lutte avec Chicago, sa rivale. Il faut espérer que la raison reviendra aux Yankees de l'Est, et que ces mêmes gens qui ont su, comme nous l'avons remarqué, élever sur le *River Side* et aux environs du Central Park tant de maisons si éminemment modernes et d'un style si dégagé et si simple, sauront préserver leur ville de l'énormité architecturale.

La seule excuse des habitants de Chicago est dans le prix du terrain,

CHICAGO. — State street.

— 186 —

CHICAGO. — Post Office.

qui se paye, dans le centre, de 1,000 à 2,000 dollars et même davantage le yard (soit environ 5,000 à 10,000 francs et même davantage le mètre); en conséquence, le propriétaire, *dominus cœli*, grimpe sa bâtisse le plus haut possible, afin de rentrer, s'il se peut, dans l'intérêt de son capital engagé.

Le Temple maçonnique à Chicago, ainsi nommé parce qu'il est la propriété d'une corporation de bienfaisance de francs-maçons, renferme *sept cents* bureaux différents, disséminés dans ses vingt-quatre étages. Deux ascenseurs électriques, conduits par des mécaniciens et fonctionnant de sept heures du matin à huit heures du soir, montent les visiteurs aux différents étages où leurs affaires les appellent. Des tableaux indicateurs, au rez-de-chaussée et aux étages, vous donnent le nom des titulaires des bureaux, leur profession et leur numéro. Le conducteur de l'ascenseur, si vous lui demandez un renseignement, se contente de vous répondre du doigt, en vous indiquant le tableau chargé de vous renseigner. Personne n'habite ces maisons, qui n'ont même pas de concierge. Les locataires ferment leurs bureaux de cinq à sept heures du soir; le mécanicien ferme les ascenseurs, et chacun prend un funiculaire ou un tramway électrique pour aller à dix, vingt kilomètres ou plus, retrouver sa famille habitant une maison d'un étage, de deux au plus, coquettement installée dans un jardin soigneusement entretenu. Un corps de police, payé par tous ceux qui ont intérêt à employer ses services, surveille les immeubles où se trouvent les boutiques et les bureaux, et il est excessivement rare d'apprendre que les voleurs ont trompé la vigilance de cette police particulière, qui ne relève que des personnes qui l'emploient.

CHICAGO.
City Hall.

Les rues de Chicago. — Les rues et avenues de Chicago sont plus intéressantes à parcourir de jour ou de soir que celles de New-York. Sous la lumière grise du ciel ou l'aveuglante clarté des lampes électriques, on y trouve sans fatigue d'extraordinaires surprises et de fréquentes occasions de dégager le comique des choses. — Une flânerie devant les étalages toujours ouverts et éclatants n'est pas à dédaigner : presque chaque vitrine possède des curiosités qui décèlent bien ce besoin d'*épater* qui est ancré si profondément dans tout bon négociant chicagoïen.

On ne saurait imaginer ce que l'on y voit de figures de cire de toute grandeur, d'annonces impayables, de machinations naïves ! Le président Cleveland, serrant la main à la République américaine et enveloppé dans les plis du drapeau national, sert de mannequin à un tailleur; une boutique de *blanc* imagine de figurer, derrière ses glaces, une immense caravelle faite de mouchoirs de poche, avec des mâts de serviettes roulées et des voiles en rideaux de guipure, et sur cet esquif de fil de lin on voit à la proue un Christophe Colomb commandant la manœuvre à dix matelots, tandis que le bateau, mû par des mécanismes étranges, se balance sans trêve sur des flots houleux de serviettes-éponges et de draps bouillonnés.

Tout est à l'avenant : des tours Eiffel en papier à lettres, des statues réalisées en chaussettes empilées, des châteaux fabriqués en lingerie, et partout des figures de cire souriantes, grimaçantes, d'aucunes horribles comme des figures cauchemars, têtes d'enfants,

A CHICAGO. — Hall d'un hôtel.

têtes de vieillards, têtes de femmes : c'est un extraordinaire musée Tussaud de la rue.

Beaucoup de vastes bazars occupent tout un *bloc*. Là, tout se trouve réuni : chaussures, confiserie, habits, pharmacie, instruments de musique, tabac et cigares, costumes de femmes, liqueurs, viandes et légumes, bar et restaurant. Une promenade dans ces énormes boutiques à bon marché est particulièrement amusante; j'y ai passé une matinée qui vaut bien, comme intérêt, la visite à la *tuerie de cochons*, chez Armour, dont je parlerai tout à l'heure.

Les hôtels. — Les restaurants. — Chicago brille encore par l'étincelante profusion de ses restaurants, bars, luncheons rooms, oysters chops, tavernes, confiseries et boutiques d'*american drinks*. Il est aisé de se nourrir à toute heure du jour et à des prix vraiment peu excessifs, si l'on aime se sustenter un peu à l'aventure et à ne pas rechercher la cuisine exclusivement européenne. On trouve sur le *Bill of fare* des lunchs rooms d'exquises préparations culinaires d'une si

CHICAGO. — Vernisseur de chaussures.

grande variété qu'il faut quelque temps pour arriver à les connaître et à en chasser les saveurs sur ses muqueuses; les huîtres apprêtées de vingt manières, Madère, le *Golden buck*, le *Oat meal* et toute la série inoubliable des cakes, pies et puddings valent bien, à mon sens, les banals et fades services des tables d'hôte européennes où le poulet rôti nous poursuit d'étapes en étapes avec une obstination qu'on n'oserait soupçonner jamais chez ce volatile à l'état vivant.

Les premiers hôtels de Chicago, ceux du centre de la Michigan Avenue, espéraient, à la veille de l'inauguration de la *World's fair*, pouvoir métamorphoser leurs prix, et déjà ils avaient transformé l'*American plan*, qui fixe à 5 ou 7 dollars par jour le prix du loyer et de la nourriture *ad libitum*, en *European plan*, c'est-à-dire au logis payé à part avec nourriture à la carte. Ils ont rabattu de leurs prétentions, car il y eut disproportion entre le nombre des visiteurs et celui des hôteliers.

Tous ces hôtels avec leurs vastes salles de lecture, leurs énormes péristyles, leurs lavatories,

A CHICAGO. — La « revue des semelles ».

leurs bars, leurs marchands de journaux et de cigares sont assez stupéfiants pour un Européen.

Le dimanche, la vie s'arrête un peu partout, et lorsque l'on défile devant les larges baies des Smokings Rooms de ces caravansérails, on ne voit que des chaussures *alignées aux fenêtres;* on passe une revue de semelles, comme disait déjà Victor Hugo, parlant de l'Amérique. Tous les gentlemen inoccupés sont en rangs d'oignons sur leurs *Rocking chairs* et se balancent, en lisant, à l'intérieur des *windows*, les pieds sur le rebord de la croisée ; c'est le repos du dimanche et les promeneurs ne voient que des pieds aux fenêtres.

Aussitôt après l'ouverture de l'Exposition, qui avait attiré tout un monde officiel diplomatique et commercial, les hôtels peu à peu se sont vidés, et la métropole de l'Illinois a repris son allure ordinaire, comme si l'Exposition n'était qu'un rêve ; le mouvement de la ville ne s'est accéléré en aucune manière ; le soir, aux heures tardives, dans les rues désertes, on ne rencontre que de rares fêtards indigènes venant d'explorer tous les bouges et maisons de plaisir qui pullulent en certains quartiers, et dont on ne connaît pas encore le Parent-Duchâtelet.

Chicago River.

Un chapitre spécial pourrait être consacré aux *Cythères de Chicago;* il ne serait pas édifiant. Il y a surtout des *Ruins turcs* et des *Europeans hôtels* qui ne font guère honneur à la Turquie ni à l'Europe. — Passons. Mais si parfois on vous vante avec excès la pureté incomparable, la chasteté des mœurs américaines, par un sentiment d'hypocrisie qui est de mise outre-Océan, ne craignez pas de pénétrer.

Il y a moins de désordres publics peut-être, mais la débauche clandestine est pire que chez nous.

Quartiers excentriques sud et nord. — Il est, au sud de Chicago, un quartier très intéressant à visiter pour les observateurs, c'est le pays des juifs, où s'agite une population de Russes, de Hongrois, de Roumains, dans une portion de la ville à peine ébauchée et remplie de détritus, de terrains défoncés, de baraques en bois qui évoquent notre ancienne cité des Chiffonniers : — c'est la lèpre de la masure et la misère du ghetto ; cela rappelle l'aspect crasseux, lamentable, de certaines villes du Danube entrevues pendant l'arrêt du steamer sur la côte serbe. Ici tout est sémite : enseignes, visages, journaux et affiches de théâtre imprimées en caractères hébraïques. Dans les restaurants, on mange *koshir*, et c'est bien l'envers de Chicago que ce coin affreux, c'est bien la coulisse de cet énorme théâtre, la coulisse où s'habillent les gueux qui vont peu à peu et tour à tour entrer en scène sous des costumes de brasseurs d'affaires, d'entrepreneurs marchant à la conquête hâtive du dollar.

Chicago forme un monde inexprimable en quelques pages de récit écrit. Tout y est intéressant pour le flâneur ami du pittoresque, de l'original et du surhumain : — le peuple, la réclame, le journalisme, les petits métiers, la vie des hôtels, les restaurants, les barbiers, la population nègre dans ses diverses professions, la prostitution, la bourgeoisie, la société élégante, tout demanderait un examen impossible à entreprendre dans cette course sommaire de narrateur dévorant la narration en *bicyclistyle*.

Du sud de la ville, si, par une brusque envolée, nous passons au nord, le changement est total.
La vie de Chicago, côté du nord, avec les jolies résidences du verdoyant Lincoln Park, offrira toujours aux étrangers plus d'attraits que ces nouvelles créations du sud où l'on est en exil des plaisirs, de la lumière, de la propreté même que l'on rencontre à la hauteur de Congrès Corner, d'Adams, de Monroe ou de Washington streets.

Du côté de Lincoln Park, un nouveau Chicago apparaît, campé sur les bords du Michigan, tel Richemond sur la Tamise. Ici, c'est l'élégance, la quiétude opulente, le luxe discret, le bonheur domestique à demi enfoui sous la verdure, qui se font enfin jour. — Le bruit,

CHICAGO. — Haymarket square et Police monument.

la poussière, l'affreuse activité des grandes voies centrales ont cessé ; il règne une bienfaisante reprise de possession de la nature. C'est l'aristocratie de la ville qui semble avoir adopté ce quartier adorable, envahi par les gazons, les arbres et les jolies maisonnettes d'une architecture souriante. Le style *mammouth* des édifices a respecté cette place, et l'on n'y voit que des gentlemen aussi corrects que ceux de Rotten Row à Hyde Park, des *Yankees* select, soit conduisant un vigoureux trotteur attelé à un buggy délicat, soit ambulant paisiblement sur les bords du lac, très séduisant à voir en cet endroit, car rien ne vient souiller ses rives.

Mon ami, confrère et compagnon de route Marcel Monnier, l'excellent correspondant de notre grand journal du soir, a tracé, dans *le Temps*, un léger, exact et délicieux croquis de cette oasis inattendue dans le simoun de Chicago. Donnons-lui audience un instant :

« Nous voici dans le quartier nord, au milieu des villas de Lincoln Park. Le grondement d'usine a cessé. Maintenant c'est la paix, le calme des existences abritées dans ces habitations de styles mêlés où fraternisent le classique et le rococo, le granit et la brique, le fer et le stuc. Sur la chaussée qui borde le lac, des cavaliers, des équipages, des landaus cossus voiturant des vieillards au teint blême, à barbiche blanche, d'imposantes mamans, des *misses* rieuses. Le clubman, en tenue irréprochable, promène une jeune fille, parfois deux, et, des jupes étalées, du bouillonnement des étoffes savamment chiffonnées par la bonne faiseuse, seul le buste du conducteur émerge, les bras tendus, les mains crispées sur la poignée des rênes.

« Cependant, dans le va-et-vient de cette aristocratie nouvelle, l'observateur pourra reconnaître encore, de-ci de-là, les origines, le trait distinctif aperçu, une heure auparavant, sur un visage de pauvre, dans le populeux et poudreux quartier des juifs, au saut de la bicoque en planches de l'immigrant récemment arrivé d'Irlande ou de Scandinavie. La sélection s'est opérée. La ville, laboratoire géant où la flamme est activement poussée jour et nuit, a volatilisé les particules inutiles, rejeté les éléments impurs. Il ne reste au fond du creuset que la parcelle d'or.

« Les heures passent, le soleil décline, très rouge. Dans la tombée du jour le lac s'anime : une fraîcheur glisse, brise de terre gonflant les voiles des clippers et des goélettes qui appareillent au delà du môle. De grands steamers à quatre mâts, jaugeant plusieurs milliers de tonneaux, des paquebots à deux étages, chargés de passagers, prennent le large ; et l'on éprouve une impression singulière en présence de ce mouvement maritime au cœur d'un continent, de ce Havre à quatre cents lieues des mers. »

Les plaisirs du soir à Chicago. — Les amusements, le soir, ne chôment pas, et Chicago compte infiniment plus de théâtres que Paris,

A CHICAGO. — Résidences de Lincoln Park.

CHICAGO. — L'Auditorium.

avec des troupes qui s'y renouvellent sans cesse. Les principaux étaient au moment de mon passage : l'*Auditorium*, où l'on représentait un ballet à grand spectacle, admirablement mis en scène, sous le titre *America*. La salle de l'*Auditorium*, bâtie dans l'hôtel de ce nom, est, comme construction, très hardie et éminemment pratique. La scène est machinée pour d'extraordinaires féeries, et je dois dire, en vérité, que *America* est une exhibition assez naïve comme sujet, mais réellement de beaucoup de goût comme coloration de costumes et de ballets. Le *Schiller Theatre*, où l'on venait de donner *Diplomacy*, pièce-vaudeville avec chansons; le *Chicago*, opéra house, qui fournit aux succès d'un opéra-comique nouveau, *the Fancing master* (le professeur d'escrime); le Grand Opéra house, qui joua sans trêve *Peaceful valley;* le Vicker's Theatre, dont le *Black crook* obtint, grâce à un quadrille français avec danse « fin de siècle », disait l'affiche, une vogue assez durable.

A l'Alhambra on donnait *Arcadia;* à Haulins Theatre : *Spider and fly;* à Clark street : *Tony pastor*; au Trocadéro, on variait chaque soir; au Colombia Theatre, l'excellente troupe de Daniel Frohman, du Lyceum de New-York, venait d'achever les représentations d'*American Abroad* de Victorien Sardou, pièce exclusive pour l'Amérique et qui me sembla jouée dans la perfection par des acteurs dignes de notre vaudeville moderne.

J'ai pris plaisir à aller voir à Hooley's Theatre la *Cléopâtre* de Sardou, interprétée par l'illustre Fanny Davenport, que les Américains essayent d'opposer à notre inaccessible Sarah.

J'avoue avoir été quelque peu désappointé; Fanny Davenport est une jolie femme déjà mûre, rose, grassouillette, très au point et qui rappelle un peu, avec plus de flamme, Mlle Aciana, du théâtre de Cluny. Lui voir jouer Cléopâtre est un plaisir médiocre; par son type, cette actrice, fameuse dans les deux Amériques, s'éloigne autant de l'aspect tragique de la reine égyptienne qu'un bébé Jumeau de l'*Andromède* de Gustave Moreau.

Plus je regardais à Chicago les représentations diverses de la scène, plus je m'étonnais du manque de fémi-

Chicago, le soir.

nité, de grâce, de souplesse des actrices les plus réputées. Je ne voudrais point blesser les charmantes actrices de ce pays, mais je dois constater que la femme américaine a contracté dans la vie des allures masculines qui tiennent à ses façons indépendantes et à l'absolutisme de ses volontés. Au théâtre, ces allures s'exagèrent à nos yeux, et nous nous apercevons que ces jolies filles ne savent ni marcher, ni s'asseoir, ni s'étendre, ni s'alanguir avec ces morbidesses, ces langueurs, ces chatteries, ces lassitudes si charmantes chez nos Françaises. Ici elles déambulent tout d'un bloc comme des hommes déguisés, elles s'étendent rudement, elles n'ont ni enlacement, ni frisson de peau, ni enveloppement féminin. Mlle Davenport a tous ces défauts, mais, même dans la diction, je ne lui reconnais guère de qualités qui les rachètent.

La meilleure soirée qui m'ait été donnée à Chicago est celle des *Minstrels*. On connaît peu ou prou chez nous ces faux nègres rangés en rangs nombreux, par demi-cercle, autour d'un *Interlocuteur*, généralement chef de la bande. Aux deux extrémités se voient deux comiques qui font face au public, et de toutes ces figures noires, silencieuses, aux lèvres saignantes de carmin, aux dents éclatantes, jaillissent des regards étrangement avivés, des regards d'une mobilité extrême qui déjà provoquent une hilarité toute spéciale chez le spectateur. Les scènes qu'ils jouent, chantent, dansent ou acrobatisent sont inexprimables et d'une drôlerie qui ne lasse pas.

Je ne puis m'étendre sur les extraordinaires pitreries des excellents minstrels en représentation à Adams street, mais tous ceux qui, soit à Londres, soit à Jersey, soit en Australie, ont fréquenté ces délicieux acteurs encharbonnés, comprendront de quelles notes d'inattendue et violente gaieté ils peuvent secouer les amoureux des vieux styles comiques d'où ni l'esprit, ni la finesse, ni la mesure ne sont exclus.

On voit, du reste, que le Chicago du soir possède de nombreuses attractions. Il y en a d'autres encore sur lesquelles je ne saurais insister, mais qui sont non moins phénoménales que les *buildings* à vingt-deux étages. L'illustre Béranger, notre grand moraliste, pourrait ici, comme le *papa Piter* de l'opérette d'Offenbach, faire rétamer ses foudres vengeresses ; il aurait toutes les occasions possibles de les agiter.

Les Français à Chicago. — J'ai rencontré quelques Français à Chicago, et j'éprouve le besoin de les physiologier légèrement au passage.

Sur une population de 1,300,000 habitants, Chicago compte, dans son afflux d'étrangers : 400,000 Allemands, 230,000 Irlandais, 60,000 Bohêmes, 54,000 Russes, 50,000 Suédois, 45,000 Norvégiens, 35,000 Anglais et 12,000 Français et Canadiens.

Avec l'Exposition, le chiffre de nos nationaux, réels ou de descendance, sur les bords du Michigan, peut être porté à 13,000 environ ; on rencontre donc, assez fréquemment en se promenant ou flânant, quelques types expressifs de nos provinces dont la physiologie est plaisante à fixer.

Au milieu de la vie agitée et silencieuse de la

CHICAGO. — Monument du général Grant.

grande ville de l'Illinois, le Français se reconnaît aussitôt à son allure un peu abandonnée, à sa démarche plus moelleuse que celle des Anglo-Saxons, à l'expression plus hirsute de sa chevelure et de sa barbe, et surtout à son impatience de ne pouvoir fumer en tout endroit public la blanche petite cigarette qu'il roule fébrilement entre le pouce et l'index.

Dans les cars à câble électrique, parmi les banquettes des longs compartiments des *elevateds*, aux offices et restaurants d'hôtel, sur le trottoir des avenues, le Français provoque aussitôt l'attention par sa fougue oratoire, son geste démonstratif qui souligne le dire, son rire cascadant et aussi par l'avide recherche de son regard pour tout ce qui peut éveiller l'idée d'un plaisir, d'une curiosité, d'une sensation imprévue. Tranchant sur le mutisme complet des Américains, qui ne se livrent que dans le *home*, le Français sans gêne se montre partout chez lui.

Vis-à-vis des femmes, alors que l'Américain n'exprime que son flegme coutumier, le Français s'électrise, s'allume, se contorsionne, se retourne, sourit, implore de l'œil avec une galanterie évidemment dépaysée qui reste le plus souvent incomprise par ces belles garçonnières, dont la liberté publique ou privée ne connaît que l'intérêt comme borne d'horizon et dont le sens pratique repousse froidement l'arsenal romantique du sentiment.

Sur la terre américaine, quelle qu'y soit la durée de son séjour, on sent que le Français s'assimile plutôt qu'il ne s'acclimate ; il est imperméable à l'esprit yankee, alors même qu'il adopte les usages et la discipline forcée de l'existence sociale à laquelle il participe. C'est à peine s'il parle l'anglais, en dehors du langage courant et du style oral indispensable. Avec un but plus ou moins précis à atteindre, il fait courageusement *son temps* dans le Nouveau Monde ; mais la terre promise, l'Eden rêvé pour ses derniers jours, c'est la France, la chère France accueillante, au terroir aimable, à la vie facile, où le dollar ne vaut plus qu'un franc, où l'homme pèse par son mérite tout autant que par sa fortune.

Il sourit à la pensée du retour auprès de ses vieux dieux Lares qu'il couve d'un amour passionné, attendri, patient et aveugle même, par son désir de partir crée chez lui une sorte de fakirisme à objectif spécial qui trop souvent l'empêche de voir avec sagacité, de comparer avec justice, de juger sans parti pris. Cette manière de cordon ombilical qui attache chaque Français par delà l'Océan à la mère patrie, et que l'éloignement ne parvient ni à rompre ni à dessécher, a été naguère notre force de canalisation dans l'importation de nos traditions sur tant de points de ce territoire des États-Unis ; on peut craindre aujourd'hui que cet attachement excessif à notre pays ne soit notre faiblesse, avec les conditions nouvelles des groupements sociaux et l'égoïsme individuel imposé à tous les migrateurs volontaires.

A Chicago, sauf avec ses compatriotes, le Français a des mines d'exilé ; son esprit frondeur le rend intolérant pour tous les barbarismes de ce monde encore primitif, mais soyez sûr que, rendu à ses pénates, à ses administrations taquinières et lentes, au mandarinisme de ses institutions, il protestera alors de nouveau en invoquant les libertés publiques, l'aisance pratique, la simplification ingénieuse des organisations du Nouveau Monde. Le Français, ici comme partout, donne l'impression d'un colporteur d'idées, d'esprit, de gaieté, de courtoisies et de galanteries innées. Il ne laisse point de doute sur la colonisation trop souvent anonyme et démarquée de son génie national, mais il indique non moins clairement que son attachement à la métropole l'empêche encore d'être un colon sérieux et sincère, un colon penché sur sa nouvelle famille, enraciné à un sol à féconder, un colon sans espoir, désir, ni volonté de retour. Cela est touchant et navrant à la fois.

UNE VISITE MATINALE AUX YARDS D'ARMOUR AND Cº.

Croquis à la sanguine.

— Êtes-vous allé chez Armour? me demandait-on sans cesse dans la métropole de l'Illinois.
— Non, cela ne m'excite que médiocrement.
— Allez-y, je vous assure; venir à Chicago et ne pas visiter Armour, c'est, comme disent les Anglais, *voir la pièce sans Hamlet!*

Las de m'entendre répéter cette invitation à la boucherie, je me décidai à filer vers les « yards ».

Je me rendis donc par le railroad du *Lake shore*, tout là-bas, vers l'Ouest, à ces *Union Stocks Yards* où se découvre la plus grande industrie de Chicago, celle des bestiaux qui, dans un vaste enclos ayant quatre fois plus d'étendue que notre Champ de Mars, sont parqués au nombre de vingt-cinq à trente mille environ.

A l'arrivée au milieu de cette plaine immense, parmi une armée de cavaliers, fermiers et *cow-boys* montés sur des chevaux superbes, d'une fringance égale à celle des coursiers de Buffalo-Bill, je me sentis comme naviguant sur un océan de bétail. A l'infini, tout à l'entour, sous le soleil du matin, des dos de moutons ou de porcs ondulaient, à peine endigués par de légères balustrades; par places, le fauve pelage des bœufs émergeants apparaissait comme de longs rochers vivants, et de cette marée animale, embrumée de poussière, sortaient des rauquements, des bêlements, des mugissements de détresse, ainsi que d'une foire colossale et apocalyptique.

Avec l'esprit statistique cher aux Américains, on me montra la longueur kilométrique des rues pavées en bois ; on me parla de 20,000 auges à boire, de 50,000 auges à nourrir, de six puits artésiens fournissant l'eau et de 24,000 employés pour toute la surface de ces *yards*.

Puis, dans une poussière noire, au travers de rails encombrés de locomotives, de voitures d'approvisionnement, de carrioles de visiteurs, de courses de chevaux lancés au galop, par groupes de six à huit, avec un seul cavalier au centre, je fus conduit devant d'immenses et vilaines bâtisses grises et rouges, d'aspect sinistre, où l'on me confia à un boy pour la visite de ces fameuses entreprises qui font d'un bœuf ou d'un cochon vivant une certaine quantité de viande aussitôt salée et empaquetée pour la consommation quotidienne de l'univers.

AUX UNION STOCKS YARDS. — Les cow-boys.

La fabrique de saucisses.

Je me trouvais chez Armour and C°.

Déjà l'estomac comme dans un étau et le cœur en détresse, je revoyais au-dessus des bâtiments, en travers des rues et ruelles de cette ville lugubre, de larges ponts de bois sur lesquels bœufs ou moutons étaient poussés par bandes, et l'horizon était de tous côtés comme barricadé par ces viaducs vers la mort.

Dans l'atmosphère, une lourde odeur de viscères ouverts, mêlée à la tiède et fade vapeur du sang.

Aucun bruit d'usine ; un elevated spécial circulant là-haut, chargé de matières animales, quelques mugissements sourds et le martellement des sabots sur ces ponts élevés, canalisant les bœufs du Far-West vers les boîtes à conserves de la maison Armour.

Le boy me tira par la manche et me fit

signe de le suivre au haut d'un escalier rouge, comme naguère celui de la cour à la Roquette. Il m'expliqua que c'était ce matin-là une tournée des bœufs ; les cochons, plus gais dans la mort, plus rébarbatifs, plus folâtres comme masque d'agonie, étant réservés pour le lendemain.

Le petit escalier gravi, une porte s'ouvrit et aussitôt l'affreux spectacle se dessina, dont je ne compris le truquage et la mise en scène que peu après.

Au milieu d'une salle longue de mille pieds, trois ou quatre cents bœufs, déjà décapités, étaient pendus par un jarret d'arrière que les hommes demi-nus, sanglants, sciaient en deux, tailladaient à coups de hache, dépiautaient à l'aide de cisailles ingénieuses. Sur les côtés, des spécialistes rivalisaient de zèle et d'activité pour laver sur des éviers inondés d'eau tiède les tripes, les matières grises du cerveau,

Dans la boyanderie.

les rognons, les ris et les fraises, tandis que d'autres, perdus dans des montagnes de têtes, d'un rouge intense, que Delacroix même n'atteignit jamais, luttaient, la scie, la hache ou le couperet à la main, pour faire jaillir des boîtes osseuses les exquises cervelles et les yeux, régals des délicats.

Une puanteur intolérable, faite de boyauderies excrémentielles, de sang chaud et caillé, de graisses évaporées, de peaux retournées, montait en buée de cet abattoir dont je ne voyais encore que l'effroyable ensemble.

Le boy, très attentif, me fit remarquer le mécanisme initial ; — là-bas, à gauche, se lisait la préface, — j'approchai.

Des wagons, privés de toit, circulaient sans relâche, chargés chacun de deux bœufs et, au passage, des contrôleurs à massue leur octroyaient avec une vitesse prodigieuse la contremarque pour les paradis de la salaison.

A peine le coup de massue asséné, le wagon basculait, une des parois s'ouvrait et les deux bœufs, encore animés de spasmes musculaires, roulaient sur le sol, aussitôt harponnés par le jarret d'arrière, hissés sur une tringle, la tête en bas et, en une demi-seconde, largement égorgés.

Oh! ce sang tombant en large cascade et qui, éclairé par le soleil fenestral, apparaissait en transparence vineux et violacé! Combien de flots, en dix secondes, n'en vis-je point couler! Combien de têtes hardiment coupées d'un habile coup de scie ne vis-je point tomber, immobile, écœuré, les semelles de mes chaussures comme collées aux dalles gluantes et visqueuses de cette ignoble fabrique!

Des boueux, munis de leurs repoussoirs de cuir, chassaient devant eux cette épaisse masse liquide au vermillon intense ; les bœufs en leur dernier convoi arrivaient toujours, aussitôt occis, et l'odeur

LES PARCS DE BŒUFS DU FAR-WEST.

devenait plus lourde, plus chaude, plus viscérale... Je m'enfuis, le visage verdissant, secoué par des nausées, et je visitai encore des pièces diverses, dévidages de boyaux, salles de salaisons, glacières, mises en boîtes, sans recouvrer mon aplomb. Ahuri de mon peu d'estomac, le boy me fit visiter la Fabrique de beurre Armour and C°.

Je croyais à l'idylle après le carnage, aux laiteries souriantes, aux senteurs réconfortantes et fraîches des caillés, à la blancheur des lins tamisant le beurre nouvellement sorti des batteuses. Hélas! ce n'était point cela.

Le *manager* de la beurrerie me montra avec orgueil et complaisance des chambres de graisses porcines et bovines aux tons jaunes et blancs, réunies en d'énormes séchoirs; il m'expliqua et me fit comprendre la mixture de ces suifs étranges avec des huiles aux provenances douteuses, et je dus passer successivement par tous les degrés de la fabrication de ce beurre innomable; je le vis accumulé dans des caves, plus jaune que nature, remué à la pelle par des terrassiers enfouis à mi-corps dans ces terrains graisseux; puis, remontant vers d'autres étages, je pus en étudier la salaison mécanique et observer le maquillage de cette horrible mixture, la mise en boîtes, en petits pâtés fleuris de vignettes, encollerettés de papier par de jolies filles au doigté délicat.

O Virgile! O Delille! O Florian! poètes des exquisités rustiques et des douceurs bocagères, qu'eussiez-vous pensé d'un tel démarquage de la nature!

Au sortir de cette beurrerie infâme, je n'avais plus qu'à regagner les bords du Michigan; je repassai au travers de l'*Union Stocks Yards*, parmi les cow-boys et leurs véhémentes montures, et devant cette mer de bétail prête à s'écouler vers les archipels d'abattoirs voisins, je ne fus pas insensible aux cris stridents des cochons, à ces *coincements* déchirants et térébrants comme le bruit des scieries mécaniques et dont la plainte me suivra toujours lorsque je reverrai notre antique foire aux jambons.

Pendant huit jours, sinon davantage, je demeurai végétarien, et je puis être assuré de me défier à l'avenir de ces conserves de *corned beef*, de *tongue of beef*, d'*extract of beef* dont les boîtes, enveloppées de chromos violentes, s'étagent en pyramides aux vitrines de nos grandes épiceries et de nos marchands de comestibles.

Il est juste de dire que le spectacle de nos abattoirs est non moins révoltant, et que la nécessité de se nourrir créant la nécessité de tuer, il est un peu excessif de montrer des nausées devant le meurtre, alors qu'on n'en ressent aucune devant le bifteck ou le pot-au-feu ; mais ce qui répugne ici, c'est l'usine expéditive, l'organisation monstrueuse de la boucherie universelle qu'on prétend imposer à notre admiration.

CHEZ ARMOUR AND C°. — L'Avenue des Cochons.

UNE EXCURSION A PULLMAN CITY.

Après Armour and C°, une des nécessaires excursions autour de Chicago, une de celles qu'il faut avoir faites pour juger de la puissance de l'industrie américaine, c'est la visite à Pullman City, où se trouvent établies les grandes usines de l'inventeur des wagons de luxe, M. George-M. Pullman. Cette cité ouvrière occupe une superficie de 270 hectares.

Au *Pullman Building* de Chicago, on rencontre généralement un aimable guide disposé à vous accompagner ; je fis cette partie d'agrément en compagnie de plusieurs compatriotes, sous la conduite d'un baron allemand, *officieux d'ordonnance* du patron absent.

Pullman City se trouve situé au bord du lac Calumet, à quelques milles de la *World's fair*, à quarante minutes environ de trajet du centre de la ville. Au sortir des fumées de Chicago, il semble, lorsqu'on met le pied sur les vertes pelouses de la cité ouvrière, qu'on pénètre dans un éden champêtre, tant l'air semble pur et vivifiant, tant le silence de la plaine est calmant, enveloppant et exquis.

Tout près de la gare, une délicieuse auberge, *Florence Hôtel*, construite dans le style norvégien, où nous déjeunerons gaiement après notre visite ; à notre gauche, au milieu des gazons, une agglomération de coquettes bâtisses de briques rouges avec clochetons, tourelles, hautes cheminées ; c'est l'immense usine où se fabriquent ces merveilleux et si artistiques wagons roulants, *sleepings*, *dinings* et *parlors cars* qui circulent aujourd'hui dans toute l'Amérique du Nord.

Nous pénétrons par une vaste porte grillée dans la cour circulaire de la manufacture ; là sont rangés une cinquantaine de ces longs cars de 21ᵐ,35 de longueur, du dernier modèle, tout en bois de vermillon ou en bois de satin, d'un confortable extravagant.

J'aimerais à pouvoir décrire ces voitures toutes tendues de peluches aux tons fins, de tapisseries de soie encastrées dans des boiseries sculptées où les glaces à biseau habilement disposées ajoutent à la clarté et à la gaieté de l'intérieur. Ce serait faire de la peinture que de parler de ces salons havane, rose mourant, bleu turquoise, jaune soufre; de ces sleepings de style Empire, de ces dining-rooms en brocard vieux vert tissé d'or, de ces chambres de jeunes mariées tendues de satin clair de lune. Nous n'avons aucune idée d'un luxe, d'un goût, d'un art décoratif semblables, et les voitures de M. Pullman feraient la confusion de nos plus ingénieux tapissiers, car tout y est moderne dans l'ordonnance, d'un adorable modernisme ; tout a été conçu, dessiné, exécuté spécialement pour chacun de ces cars féeriques dont le prix de revient dépasse parfois 25,000 dollars (125,000 francs). Les boudoirs de nos plus grandes coquettes ne sauraient rivaliser avec ces cars d'un goût éblouissant et discret à la fois.

Nous traversons les divers ateliers ; dans les premiers, l'on construit les coffres de ces énormes wagons montés sur un plancher cintré en forme de pont qui pèse plus de trente tonnes; plus loin, nous voyons le hall où se confectionnent les voitures de marchandises brillantes et vernissées comme des laques du Japon. Notre guide nous explique, avec cet

La gare de Pullman City.

amour de la statistique auquel on ne saurait échapper, que l'on fabrique un de ces wagons de bagages par douze minutes, trois cents par semaine, tandis que les *vestibuled cars*, plus longs à établir, ne se nombrent guère par une fabrication de plus de trois cents par année, soit une sortie de 40 millions de francs.

Nous voici dans la scierie des bois précieux, dont l'usine Pullman possède toujours en magasin une réserve de 25 millions de francs; c'est une pièce géante dont on ne voit point la fin et où l'on fait travailler près de cinq cents ouvriers penchés sur des machines à raboter, à découper, à sculpter et à gaufrer le bois, mécanisme du plus grand intérêt à voir fonctionner.

A PULLMAN CITY
La tour hydraulique et les usines.

Il y a particulièrement certains forets mécaniques à graver qui font le travail de trente hommes et dont l'ingénieuse exactitude ne laisse pas que de nous ahurir. De même des roulettes chauffées font en quelques secondes sur des lattes de bois rare des frises, des moulures perlées, des arabesques en relief ayant toute la perfection de sculptures à la main. Ici la statistique reparaît; le baron allemand, notre conducteur, nous fait connaître avec un air de fine satisfaction que toutes les courroies de transmission de cette seule pièce, mises bout à bout, produisent une longueur de quinze milles anglais.

Ce qui m'intéresse plus que ces fantaisies de calculateur, c'est le sens pratique de la mise en œuvre, ce sont ces aspirateurs élevés à côté de chaque établi d'ébénisterie qui pompent toutes les poussières de bois, ces raboteuses en boîtes hermétiques qui ne laissent échapper aucun copeau, et ces puissantes machines qui d'une seule impression cintrent un plafond de bois plaqué de dix mètres carrés.

Tour à tour nous visitons les forges qui rappellent notre Creuzot, les ateliers d'ajustement et d'alésage des roues toutes garnies à l'intérieur de carton comprimé, la chambre de la machine à balancier campée dans un hangar gigantesque et qui ne fonctionne qu'à mille cinq cents chevaux-vapeur, bien que sa puissance soit du double... Pendant plus de deux heures nous marchons, toujours admirant l'ordre et la puissance de cette entreprise qui met en mouvement sept mille ouvriers de tous corps de métiers, lorsque enfin nous sortons en face d'une énorme tour qui semble servir de beffroi; on daigne nous expliquer que cette tour contient une pompe aspirante d'une grande puissance qui attire et envoie à plus de trente kilomètres de distance, dans une ferme modèle de M. Pullman, tous les détritus de l'usine destinés à fumer les terres du grand philanthrope.

J'emploie à dessein ce mot de philanthrope, car M. Pullman n'a point seulement su créer une importante et curieuse manufacture, il a surtout fourni au vieux monde l'exemple d'une direction

A PULLMAN CITY. — Le lac Calumet.

extra-humanitaire, en installant autour de son usine toute une ville spécialement affectée à ses ouvriers, en ouvrant des banques de crédit à leur usage, en permettant à chacun d'eux une vie large, heureuse, à l'abri de tout besoin.

La Pullman City n'a point, je crois, de rivale au monde; son organisation financière et sociale mériterait d'être étudiée par tous ceux qui expriment tant de belles théories sur l'amélioration du sort de la classe laborieuse. Ici la mise en pratique des plus nobles idées de charité confraternelle fonctionne à souhait, et je doute que, dans le district de Pullman City, il se trouve un seul nécessiteux, un seul révolté, un seul socialiste.

Lorsqu'on visite la ville proprement dite, ses jolies maisons ouvrières plus confortables que beaucoup de nos plus coquettes villas suburbaines, lorsqu'on voit le mécanisme admirable qui fait vivre et prospérer des milliers de familles, on est convaincu de la nécessité des réformes sociales, on en saisit les possibilités, on espère que cette ville ouvrière si sagement administrée servira de modèle et de preuve concluante pour tous ceux qui se dérobent encore derrière des arguments des difficultés dans la réalisation du problème.

On trouve à Pullman City, en un joli passage couvert, aussi long que celui des *Panoramas*, des fournisseurs de toute nature, une énorme bibliothèque mise à la disposition de tous les ouvriers et dont le fonctionnement, l'installation, la propreté et le luxe confondent nos préjugés français à tous points de vue. Il existe également un théâtre, un immense théâtre d'une contenance de quinze cents à deux mille spectateurs au moins, où les fréquentes représentations sont gratuites; cette salle est un bijou d'architecture et de décoration. On croirait voir quelque théâtre du défunt roi Louis de Bavière. Je dirai de même pour l'église, située dans le même centre. Il y a ainsi chaque jour sur un même point, offertes aux travailleurs, trois consolations souveraines, l'instruction par la lecture, la récréation intellectuelle formant la joie des yeux, et enfin le recueillement de la conscience.

Nous étions tous véritablement émus, mes compatriotes et moi, en quittant Pullman City, car nous

La cité ouvrière de Pullman City.

venions de comprendre ce que l'intelligence d'un ancien ouvrier, devenu milliardaire, avait pu réaliser en grande partie dans sa sphère, c'est-à-dire un programme admirable que les socialistes d'Europe mettront encore de longues années à discuter, sans parvenir de sitôt à vaincre l'entêtement obstiné des capitalistes.

Un homme ne fait-il pas plus par sa volonté créatrice que toutes les commissions et assemblées législatives du monde ? — Ce spectacle fut l'un des plus réconfortants que l'Amérique nous ait montrés.

CHICAGO MANIÈRE NOIRE
Exode.

Après un séjour assez long à Chicago, au milieu d'épais brouillards de suie, qui, en moins d'une heure, corrodent la peau et dessèchent ou *engoudronnent* la chevelure, anéantissent la blancheur des linges les mieux lavés, l'instant du départ n'est pas accompagné, il faut bien le confesser, d'un déchirant émoi. — L'air qu'on y respire ressemble vraiment trop à de la boue volatilisée.

Les éreintantes promenades sans étapes aimables pour la flânerie et le repos, les brises aigres du nord qui soufflent à chaque moment avec une impétuosité imprévue ne sont point compensées par les délices des *cocktails* bien gagnés qu'on se plaît, vers le soir, à déguster debout, entre amis, sur les principaux comptoirs des célèbres bars de la *Michigan Avenue*. — O combien exquis, variés et subtils, ces *cocktails !*

Rien ne lasse davantage que l'excès, et, dans cette ville qu'une amère ironie a qualifiée du nom de *Reine des prairies,* tout est excessif : la profusion et l'abondance des repas, l'éclat du luxe, l'élévation des maisons, de l'*auri sacra fames,* l'hypocrisie des corruptions, l'extension diabolique des industries, l'épaisseur des lits de boue et la sordidité des masures de bois masquées par de trop grandioses façades de granit. Tout hurle à un trop haut diapason au-dessus de la moyenne, depuis l'aisance des indigènes dans la dépense de leurs *greenbacks* jusqu'à l'indolence des domestiques qui se jugent trop grands seigneurs pour oser décrotter les bottes des voyageurs, tenus, le matin, à descendre en personne au spécial *black room* des nègres vernisseurs de chaussures.

On ne peut rêver ville aux plus étourdissants contrastes que cette *Perle de l'Ouest,* dont le nom *Chicago,* m'affirme-t-on, signifie dans les anciens dialectes indiens *cité puante.* Tout y obéit à ce mot d'ordre : *Make money !* La poussée est si vigoureuse vers la conquête du dollar que les arrivants à la fortune, — ainsi que ces gloutons qui font parade de leur dilatation d'estomac, — se prodiguent aussitôt dans d'énormes démonstrations granitiques, créant des palais de barbares, ouvrant des avenues, établissant des chemins de fer, sans souci de la nature, des paysages ou des perspectives. Il en résulte un manque de pondération et d'harmonie qui stupéfie les voyageurs dans cette *urbs* surhumaine où l'*épate* semble faire partie de la loi du *home stead* (un foyer).

Ce fut donc avec un sentiment d'allégement que je quittai Chicago, à la vesprée, par le chemin de l'*Erie Line* qui devait me conduire vers les horizons verts et paisibles de l'Indiana et de l'Ohio. — Je n'avais point démesurément senti sur les bords du Michigan l'enveloppante douceur de vivre que donnent nos lacs d'Italie ou d'Écosse, mais j'y avais subi les obsédantes visions si admirablement décrites par le général-poète bostonien dans *l'Homme des foules* et *Gordon Pym*. — Chicago, en effet, illustre et interprète Edgar Poë, il le grandiose et il l'annote dans l'esprit de tous les sensitifs perdus parmi ces *Western men* rustiques, naïfs et primitifs, alors même que généreux et bienfaisants.

Ce fut surtout à la sortie de cette ville formidable, noyée dans ses fumées d'usines, que j'éprouvai le cauchemar de sa grandeur et de sa puissance diabolique.

Vision nocturne de la ville de Chicago.

Tandis que le train roulait, à cette heure crépusculaire, je pus juger de l'immensité de ses faubourgs, deux fois plus extravagants que ceux de Londres, apprécier sa barbarie superbe, phénoménale, et concevoir l'affolante beauté du noir panorama qui s'étendait à perte de vue au delà de la voie ferrée.

Sur le ciel vert pâle, d'un vert sulfureux et bilieux, encore frissonnant des dernières lueurs solaires, parmi un bruit assourdissant de cloches de chemins de fer, de sifflets de vapeur et de mugissements d'élévators à grains, tandis que des trains express se croisaient sur terre, sous terre et dans l'air, avec des trépidations de ponts secoués et des essoufflements de machines, je voyais pendant plus d'une heure durant un Chicago inconnu et effrayant se profiler dans un vomissement de fumées noires, blanches, grises, jaunes et bleues.

Dans un décor grandiose, brutal et sordide à la fois, et dont Hugo seul, le poète aux épithètes superbes et cathédralesques, eût pu exprimer la vigueur, des lumières électriques s'allumaient à des hauteurs invraisemblables, moirant de leur éclat lunaire la torpeur d'immenses et longs canaux.

Des tanneries, des minoteries, des forges, des abattoirs à vapeur, des usines pour le raffinage des minerais d'argent, des entrepôts de houille montraient tour à tour, ainsi que des fanaux rouges et verts, leurs baies incendiées par des brasiers intérieurs ; les hauts fourneaux des fonderies flambaient dans l'air comme des torches, des ponts tournants, des grues élancées aux leviers en travail apparaissaient entre deux panaches de fumée, et des navires considérables aux doubles cheminées blanches, aux mâtures légères, glissaient sur d'invisibles eaux, apportant dans cette fantasmagorie ambiante du crépuscule une note encore plus étrange et plus irréelle.

Ce panorama glissait derrière les glaces démesurées du *car* qui m'emportait; je le voyais se renouveler à chaque instant plus extraordinaire et plus inquiétant ; c'étaient maintenant des quartiers traversés d'immenses avenues où les *bars* aux vitrines rouges projetaient des lueurs sur la chaussée noire et ravagée d'ornières, des petits lacs dont les eaux semblaient battues par des moulins géants, des terrains lépreux couverts d'usines au-dessus desquelles passaient, sur de vertigineux viaducs, des trains éperdus que l'œil distinguait à peine dans un floconneux ruban aussitôt dissipé.

Le ciel, de plus en plus noir de fumées accumulées, faisait ressortir la silhouette de vastes bâtiments que rougissait la sanglante splendeur de métaux en fusion, et le train fuyait, agitant sans trêve sa cloche sonore, son cuivre d'alarme, et ce qui fut naguère la campagne illinoise défilait avec un aspect d'enfer !

Toujours la ville faubourienne avec ses assommoirs de gin et de whisky, ses manufactures, ses élévators jetant dans des bateaux l'or liquide des grains projetés en cascades du haut de greniers de cent cinquante pieds ; toujours la ville éperdument étendue dans le crépuscule !

Pendant près d'une heure ce spectacle continua, me montrant les lugubres et étourdissantes enceintes d'activité de cet incomparable Chicago, où s'accumulent chaque jour plus considérables les forces des États-Unis, où tout le Far-West jusqu'au Pacifique vient s'alimenter et jeter le produit de son travail.

Déjà la nuit était venue, les dernières maisons de la cité géante n'apparaissaient pas ; le regard collé aux vitres, je fouillais les ombres encore striées d'électricité et j'entrevoyais des voies ferrées, des chantiers, des prises d'eau endiguées, des groupes d'hommes travaillant sur des échafaudages, des tramways aux caissons jaunes à treuils électriques, des horizons peuplés d'offices éclairés, et, par places, de maigres bouquets d'arbres sans feuilles, sans sève, penchés vers la terre par le vent du nord, derniers et seuls vestiges de la nature bocagère sur ce sol désormais ingrat et maudit, où l'exploitation du génie humain semble avoir fait son dernier effort et exprimé son horrible et fulgurante puissance.

Toutefois les maisons se raréfiaient, l'électricité s'éteignait, la contrée noircie et saccagée par tant d'industries passionnées apparaissait alors comme une plaine aride et incendiée. Il y avait plus de quatre-vingt-dix minutes que le *Limited Express* de l'Erie Railroad roulait sans arrêt.

Je me rejetai alors en arrière sur les dossiers du *car*, fermant les paupières, tout à la vision interne, me demandant par quelles suites d'eaux-fortes éclaboussées de morsures, sur quels cuivres supérieurement défoncés par l'oxyde, hachés par le burin, assombris par les vernis mous, tamisés par les grains de résine, un tel panorama pourrait être rendu !

Quels James Tissot, quels Félix Buhot, quels Henri Guérard, quels modernes Meryon ou quels Bresdin affolés pourraient interpréter cette sortie d'enfer à la manière noire ?

Le nègre qui dressait ma couche m'invite à l'occuper. Tandis que le sommeil me gagnait, je revis en quelques minutes les trois semaines sitôt dépensées à Chicago, et je m'aperçus que la *World's fair* n'a laissé aucune trace sensible, aucune empreinte véritablement durable dans ma mémoire.

Ce qui surgissait, ce qui s'accélérait et se précipitait dans cette condensation de la pensée et du souvenir dans la chambre noire de mon cerveau, c'était la vision de cette métropole formidable, bâtie sur un lit de boue, au bord d'un lac sombre et sans verdure; c'était la vie éclatante, furieuse, instinctive et brutale qui y livre ses batailles sans âme et sans idéal, ses banquets sans fin avec des théories de bouteilles de champagne circulant entre des habits noirs, ses ivresses, ses chansons, ses gaietés, ses luxures hypocrites, ses courtoisies bruyantes, ses fêtes plus agitées qu'intellectuelles, et surtout cette grande poussée d'affaires, cette puissance de Théomaque moderne défiant l'impossible, inquiétant l'horizon.

Business! business!! business!!! ne serait-ce pas là le véritable mot fatidique du noir corbeau d'Edgar Poë!

Le lendemain au matin, en tirant le store de mon sleepier, je vis se dérouler derrière les glaces, — ainsi qu'en un frais makemono du Japon, — une campagne souriante, faite de coquettes prairies, de montagnes pittoresques, de forêts remplies d'arbres en fleurs, de métairies primitives et d'étangs radieux peuplés d'oiseaux sauvages.

Devant cette nature encore intourmentée, à la vue de ces folles bruyères, de ces mousses, de ces fleurs s'ouvrant au soleil, j'oubliai l'affreux cauchemar du départ de Chicago, cette ville gorgonienne, si excessive, si satanique et dont l'existence est vraiment parfois inclémente pour l'âme chantante et rêveuse des races latines.

AU NIAGARA. — Les usines bâties près des chutes.

LE NIAGARA

Je suis arrivé au Niagara la tête farcie des clichés admiratifs des plus grands poètes et écrivains, néanmoins très curieux de percevoir ma sensation individuelle. N'ai-je point maintes fois, au cours de précédents voyages, protesté contre des chefs-d'œuvre consacrés par l'admiration des critiques et des voyageurs? Ai-je pu jamais m'enthousiasmer pour les froides statues de Canova ou de Thorwaldsen et comprendre l'expression d'*Enfer des eaux* dont Byron décore la jolie mais peu infernale cascade de Terni qui vient mourir sous des orangers? Le monde est plein de merveilles que la moutonnière servitude des touristes n'ose pas déclasser.

NIAGARA. — La chute canadienne.

On a qualifié les chutes du Niagara d'extraordinaires et de miraculeuses. Chateaubriand s'est écrié : « C'est *la Colonne d'eau du déluge!* » Tous les bardes anglo-américains ont rivalisé d'épithètes et ont cherché des rimes ruisselantes d'inouïsme pour tâcher d'exprimer l'effet de cette rivière s'abîmant à quelques centaines de pieds au-dessous de ses rapides. — *Le Niagara!* Rien qu'à ces mots, dès notre jeunesse, notre imagination se mettait en mouvement et nous procurait d'extravagantes visions. Ce n'est donc pas sans une curiosité vraiment émue que l'on court vers la réalité, lorsque, l'Océan traversé, on passe à proximité de Buffalo.

Pour arriver cependant à cet attirant cataclysme, je pris le chemin des écoliers, partant de Toronto afin de traverser un petit angle du lac Ontario dans un de ces grands vapeurs des lacs si agréables comme installation. Je débarquai à Niagara, et sans prendre, ainsi que mes compagnons de route, le petit chemin de fer du Michigan central qui conduit à la rive canadienne des chutes, je remontai sur un second petit sabot à vapeur la rivière Niagara jusqu'à Lewiston, d'où un train spécial (muni de wagons à amphithéâtre ouverts entièrement du côté de la rivière) me conduisit, sans que je perdisse de vue la superbe gorge qui encaisse le Niagara, jusqu'aux chutes elles-mêmes sur la rive américaine. Ce voyage est de tous points parfait et d'un surprenant pittoresque. Je le conseille aux excursionnistes,

La rivière du Niagara.

car il permet de suivre tout le cours de la rivière depuis son estuaire, à Youngstown, près de l'Ontario, jusqu'à *Suspension*

Perspective du pont suspendu.

Les ponts du Niagara au-dessus des Rapides.

bridge, presque en vue des cascades.

La rivière du Niagara, qui circule torrentueuse au fond d'une gorge superbement sauvage et qui montre ses eaux d'un bleu laiteux, écumeuses, fouettées et encore rebelles, n'est pas à dédaigner ; c'est la préface à contre-courant des chutes, mais une préface si énergiquement tracée qu'elle ne fait peut-être que trop augurer des dramatiques tableaux qui vont suivre.

A peine installé à *Cataracte house*, après avoir vu défiler sous mes fenêtres une longue procession de *Fire men* précédés de nombreuses musiques et entre autres d'un orphéon d'Indiens peaux-rouges, je me dirigeai vers la chute américaine dont j'entendais déjà le grondement à quelques centaines de mètres en contre-bas.

Sans me hâter, m'attendant à un spectacle capital dont tout mon être allait frémir, sentant en moi cette curiosité longuement attisée qui mollit généralement en arrivant au but convoité, je m'attardai à regarder les grands rapides dont les eaux filent vertigineuses dans un chaos de culbutes, de remous, de vagues se brisant en gerbes sur les obstacles et dont la vue est assez stupéfiante.

Les cataractes vues du Pont suspendu.

Je dus hâter le pas, car vingt cochers conduisant leurs *buggies* de promenade et pour le moins autant de guides m'enveloppaient, m'assourdissant de leurs propositions, se disputant ma personne, gâtant déjà par l'énervement de leur présence la sorte de dévotion qui me poussait à aller communier du regard avec le plus célèbre tourbillon de la nature universelle.

Je courus là-bas vers le puissant murmure, vers la buée blanche, poursuivi par voituriers et guides, et, me penchant sur un parapet de pierre, je vis, sans émotion extrême, sans frisson perturbateur, la grande descente de 164 pieds de la cataracte américaine; ce n'était qu'une masse d'eau formidable tombant en nappe régulière avec un bruit monotone et aucunement assourdissant, un grand nuage de vapeur voilant à peine le fond de l'abîme où l'onde aussitôt brisée se frayait un passage parmi d'énormes blocs de rochers; à l'horizon, des hôtels et encore des hôtels, sur la rive canadienne aussi bien que sur le rivage américain; près de moi, de nombreux touristes flegmatiques, criant la bouche en O, mais sans flamme dans le regard, sans vibrance dans la voix, des : *Oh! splendide! Oh! magnificent indeed!* — Je n'avais décidément pas reçu le choc tant espéré, le *coup du lapin* de l'admiration délirante.

Mais ce n'était là qu'une des cataractes, la chute canadienne restait à visiter; puis ces chutes demandent à être vues de profil, de face, de dessus, de dessous, avec les éclairages divers du soleil, le soir et le matin. Les Américains prétendent même que la sensation que donne le Niagara est très « journalière » et qu'il est nécessaire d'y revenir à diverses reprises, l'été et surtout l'hiver, pendant la débâcle des glaces. C'est possible, mais cela devient en vérité de la *Niagaramanie*.

La *Chute canadienne* a plus d'élégance que sa concurrente, toutefois elle n'agita point davantage en moi le grand branle-bas des émotions extraordinaires, non plus que les *Trois sœurs* et autres divers points de vue pittoresques surabondamment catalogués et décrits dans tous les livres dont on nous bourre les poches. Le village de *Niagara Falls* montre la trop joyeuse physionomie de la Bourboule ou de Royat pendant la saison, on y spécule à outrance sur l'étranger; ce ne sont que boutiques de souvenirs, offices de chemins de fer, hôtelleries de plaisance, voitures de louage, baraques de jeux; il y a même des demoiselles de maigre vertu qui « font les chutes » comme d'autres font chez nous le boulevard, à cette différence que les « truqueuses » qui se promènent autour des cataractes jouent les sentimentales, les éthérées, se montrent avec un volume de Byron à la main et posent en une rêveuse attitude de keepsake, dans l'espoir d'enflammer les touristes célibataires qui, vis-à-vis de ce grand spectacle de la nature, sentent plus qu'ailleurs le besoin d'être à deux pour admirer et échanger leurs émotions.

Ce qui serait incomparable au Niagara, si une municipalité jalouse de coquetteries peignées et ratissées n'en avait déshonoré la sauvagerie naturelle à force de soins excessifs, c'est le paysage qui est d'une coloration surprenante. Sans doute, grâce aux embruns des chutes et à l'humidité exceptionnelle de l'atmosphère, la verdure me parut d'une fraîcheur, d'une intensité, d'une vibration viridine qu'on ne saurait peindre; on voit là un vert poracé, lumineux, smaragdin qui

NIAGARA. — La caverne des vents.

monte des pelouses pour devenir translucide sous l'épaisseur des frondaisons et qui est exquis comme un naturel décor de féerie shakespearienne.

On se promène sous des arbres séculaires, aux bords de torrents qui courbent l'herbe des pelouses qu'ils lèchent dans leur course échevelée. — Loin de la foule, loin des hôtels, loin des guides, des voituriers et du puffisme enveloppant, ce serait assurément délicieux de vivre en cet endroit, en oubliant de s'extasier devant les trombes d'eaux qui s'effondrent. Mais les hommes n'ont-ils point toujours, dans l'exploitation qu'ils font des sites pittoresques, détruit leur principal attrait en retirant la poésie mystérieuse de la solitude et la superbe désolation des cataclysmes dans le désert ?

Je ne parle pas de l'aimable douche prise dans la traversée de la *Caverne des vents*, sous une portion de la grande cascade. C'est une promenade qui a son angoisse asphyxiante, son émotion physique. On s'y rend nu sous un vêtement de toile imperméable. C'est encore l'excursion la moins sotte qu'on puisse faire au cours de cette villégiature à *Niagara Falls*, où je n'aurai sans doute point la tentation de jamais retourner, à moins qu'au cours de quelque voyage hivernal je puisse venir y entendre la chanson des glaçons qui tombent en brisant leurs cristaux.

AU CANADA

En quittant Chicago pour se diriger vers le Canada, on traverse d'abord dans toute sa largeur l'État du Michigan, qui fut colonisé par les découvreurs des grands lacs de l'Ontario, de l'Érié, de l'Huron, du Supérieur et du Michigan.

Partout des noms français qui rappellent l'épopée de la Nouvelle-France : Michillimakinac, qui fut pendant deux siècles le poste avancé de la civilisation française et du commerce des fourrures de la Compagnie des Cent associés ; — Marquette, évoquant le nom du grand missionnaire qui, avec La Salle, partagea l'honneur de la découverte et de l'exploration du Mississipi ; — Détroit, ville de 250,000 âmes, fondée en 1701, sous le nom de Pontchartrain, par M. de Callières, qui y envoya Lamothe-Cadillac avec cent hommes de troupe et deux missionnaires, et qui resta longtemps comme le dernier rempart de la puissance française au Canada.

En face de cette dernière ville coule la rivière Sainte-Claire où vogua le *Griffon*, premier navire français construit en haut du Niagara, par La Salle, en 1678. On traverse enfin le petit fleuve qui sépare les États-Unis du Canada et l'on se trouve dans Ontario, la principale province de la confédération canadienne.

Les Français se forment, en général, une idée absolument fausse de la puissance numérique de la population

NIAGARA.
Vue prise sous la chute, côté du Canada.

— 180 —

TORONTO.

franco-canadienne, qui ne compte que pour *un quart* dans la population totale du Canada.

Ontario, par exemple, est une province presque exclusivement anglaise, de même que les provinces de la Nouvelle-Écosse, du Nouveau-Brunswick, de l'île du Prince-Édouard, de la Colombie britannique et du grand Nord-Ouest. Les Français ne comptent en réalité que dans la province de Québec, où ils sont en grande majorité, et dans Manitoba, où ils ne forment qu'une petite minorité composée presque exclusivement de sang mêlé. Ce qui fait qu'en toute vérité, l'élément d'origine française, au point de vue politique, se trouve complètement à la merci d'une majorité anglaise, généralement hostile à tout ce qui porte un nom français, bien que peu tracassière et tyrannique dans ses procédés.

Toronto. — Toronto, capitale de la province d'Ontario, ville archi-anglaise, de 200,000 habitants, se développe avec une prodigieuse rapidité. Elle est située sur les bords du lac Ontario, au point même où s'élevait autrefois l'ancien fort de Rouillé, construit en 1748 par M. de La Galissonnière. — Ce fut de Toronto que je me dirigeai vers le Niagara dont je parle précédemment.

Les rues de Toronto sont larges, claires, superbement bâties ; c'est le type de la ville du Royaume-Uni, avec ses magasins genre *Regent street* ; on y peut passer agréablement une journée ; les hôtels y sont confortables et les bords du lac assez pittoresques à parcourir. Plus loin, à Kingston, ancien fort de Frontenac, fondé par La Salle, on prend le bateau pour descendre le merveilleux groupe des Mille-Isles et les incomparables suites de cascades que l'on appelle les rapides des Galops, du Long-Sault, des Cèdres et de Lachine. Ce dernier nom est celui d'un village important situé au point même d'où La Salle s'embarqua pour aller à la découverte du Mississipi. D'après la croyance du temps, on s'imaginait que le Mississipi, dont on ne connaissait pas encore le cours réel, se jetait dans l'océan Pacifique, et La Salle croyait y trouver une route vers la Chine.

C'est dans cette pensée qu'il donna le nom de Lachine à cet endroit. Sur la rive opposée du Saint-Laurent se trouve un lieu très recherché des touristes, la bourgade de Caughnawaga, habitée par les derniers descendants des féroces Iroquois. Ici nous sommes en pays français.

AU CANADA. — Soldat anglais.

A trois lieues plus bas, et gracieusement assise sur le versant oriental du Mont-Royal, se trouve située la jolie ville de Montréal, qui soutient avec honneur son rôle de métropole commerciale de la confédération canadienne.

MONTRÉAL

MONTRÉAL. — Panorama pris du Mont-Royal.

Montréal vaudrait bien toute une description, car cette coquette cité possède de curieux monuments, des clubs où le Français est accueilli à bras ouverts comme dans une famille, des institutions nombreuses et d'admirables promenades, celle entre autres du Mont-Royal d'où l'on découvre un incomparable panorama.

C'est vraiment ici que l'on s'aperçoit pour la première fois de la prépondérance de l'élément français. Presque partout on entend parler notre langue, et les enseignes des magasins, dans certaines rues, nous transportent en quelque sorte en Normandie, en Picardie ou en Bretagne. Déjà on sent une accalmie provinciale qui fait un violent contraste avec le mouvement des États voisins ; au milieu de rues étroites et peu animées, des familles passent lentement, musardes, baguenaudières, envahissant les petits trottoirs ; des groupes de

A MONTRÉAL
Les clochers de la ville vus de Victoria square.

gens vêtus sans façon stationnent au coin des carrefours, des ouvriers travaillent sans hâte en sifflant des airs langoureux, le ralentissement est marqué, bizarre, surprenant. Aux devantures des boutiques tout est disposé avec le goût français de nos provinces, un peu pêle-mêle, avec cette ordonnance gauche, villageoise et naïve des primitifs « gagne-petit ».

Ici et là, on lit sur des vitrines :

Boileau, cordonnier ; Baudoin frères, selliers ; Racine père et fils, menuisiers ; Pelletier jeune, pharmacien ; Perceval, charcutier... Se trouve-t-on à Caen, à Lisieux, à Abbeville, à Morlaix?

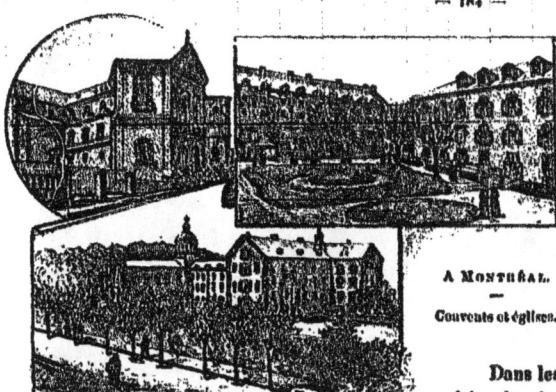

A MONTRÉAL.
—
Couvents et églises.

Il est difficile d'admettre que l'on soit en plein Canada, à douze heures de Boston ou d'Albany !

Cependant voici que défilent des soldats anglais, au casque blanc, aux mollets nus, à la jupe écossaise, rigides et en belle performance, tels qu'on les voit à Malte ou à Gibraltar. Il ne faut plus douter, surtout lorsqu'à chaque coin de rue on aperçoit des églises multicolores et baroques pour toutes les religions, et je dirai même pour toutes les fantaisies.

Dans les hôtels de Montréal où se trouvent affichées les heures d'offices, les pancartes indicatrices sont immenses ; j'y ai relevé plus de trente sectes, plus ou moins orthodoxes, dont les schismes et les dogmes seraient curieux à étudier. Il paraît même, on me l'affirme du moins, qu'un richissime Anglais s'est fait construire et entretient à ses frais une magnifique église, dont il règle seul les canons, les catéchèses, les rites, et dont seul aussi il monopolise les indulgences.

Les catholiques, toutefois, sont en énorme majorité à Montréal, qui est le siège d'un archevêché dont le titulaire actuel est Monseigneur Fabre, frère du commissaire canadien résidant à Paris.

La surabondance de couvents d'hommes et de femmes, qui se montrent partout, proclame d'ailleurs, ici, la liberté entière du culte, et l'on rencontre assurément en un seul jour plus de prêtres, de moines et de religieux à Montréal qu'on n'en peut voir généralement en une année à Paris.

Plusieurs des congrégations canadiennes, — il est intéressant de le constater, — sont très riches. Un journal local, *le Star*, signalait, au moment même de mon passage, le montant de la fortune foncière des révérends pères sulpiciens, qui possèdent dans l'île de Montréal seule des propriétés estimées près de trois millions de francs; les autres congrégations ne sont pas moins riches.

La presse française du bas Canada exerce beaucoup d'influence dans les provinces de Montréal et de Québec, et les feuilles imprimées en notre langue, *le Monde, la Patrie, le Petit Figaro, la Minerve,*

MONTRÉAL. — Place d'Armes.

la Presse, représentent un tirage, ou plutôt une circulation d'environ, 60,000 exemplaires par jour. Les journaux anglais locaux *the Daily Star, the Gazette, the Daily Herald, the Daily Witness*, n'obtiennent pas un record vraiment supérieur.

La question de l'instruction publique passionne les esprits dans le moment et il se fait un mouvement très prononcé en faveur des réformes que le clergé, — qui a la haute main et la majorité dans le Conseil de l'instruction publique, — ne paraît pas très pressé d'adopter. On force bien les professeurs laïques à subir des examens, mais les professeurs religieux, qui sont en très grande majorité, n'y sont pas tenus. Tous les évêques du pays s'y opposent énergiquement. Les dix-sept collèges classiques de la province sont sous le contrôle du clergé, les jésuites ayant, comme partout ailleurs, les établissements à la mode.

Quant au mouvement littéraire, il est tellement lié au sentiment patriotique et à l'amour des

Victoria Bridge.   Quai de Montréal.

Franco-Canadiens pour la France, qu'il ne faudrait pas être trop sévère au point de vue purement esthétique. J'ai remarqué avec plaisir que les meilleurs écrivains font des efforts inouïs, mais souvent bien stériles, pour résister à l'envahissement de la langue et des locutions anglaises, et pour rétablir la pureté du langage nécessairement un peu altéré par plus d'un siècle de rapports interrompus avec la France.

A part les journalistes, il n'y a pas à proprement parler d'hommes de lettres vivant de leur plume ; les éditeurs existent bien à Montréal, mais la vente !... quelle est-elle ? — On ne voit guère que des écrivains amateurs qui

MONTRÉAL. — Jacques Cartier square.

se recrutent parmi les hommes de professions libérales et les employés des principales administrations.

Citons parmi les historiens : Garneau, Sulte et Ferland ; parmi les poètes : le célèbre patriote Louis Fréchette, qui est adoré de tous les Canadiens, Crémazie, Lemay, Legendre et Eudore Evanturel; enfin, parmi les écrivains : Marmette, Lusignan, de Celles, Faucher de Saint-Maurice, Routhier, etc. — Le journalisme est représenté par MM. Beaugrand, de *la Patrie*; Tassé, de *la Minerve*; Helbronner, de *la Presse;* Voyer, du *Monde;* Chapais, du *Courrier du Canada,* pour ne nommer que les principaux organes de l'opinion publique.

Nos frères d'Amérique ne se sont pas contentés de propager notre langue, ils ont propagé aussi l'espèce ; les Français de la Nouvelle-France augmentent sans cesse en nombre ; les premiers colons n'arrivèrent qu'en 1608 avec Champlain, quoique le Canada eût été découvert soixante-treize ans auparavant par un autre de nos compatriotes, le Breton Jacques Cartier ; mais, de 1608 à 1759, il n'en vint que très peu, 10,000 en tout. Quand le traité de Paris, dit *la Paix honteuse,* nous enleva le Canada et le livra à l'Angleterre en 1763, il n'y avait encore là-bas que 63,000 Français. Et, chose assez curieuse, très peu de Méridionaux : cette partie de l'Amérique n'avait été colonisée que par les Français du Nord. C'est ainsi que, sur 1,976 immigrants, on comptait 358 Parisiens, 348 Charentais, 341 Normands, 239 Poitevins, 95 Flamands et Picards, 87 Bretons, 474 autres Français du Nord et du Centre, et seulement 34 Français Méridionaux, Dauphinois, Provençaux, Languedociens ; soit en tout 1,942 hommes du Nord contre 34 du Midi ! Et aujourd'hui les Français sont au Canada

LES GARES DE MONTRÉAL.

Station Canadian.
Bonaventure Station.

plus nombreux que les Anglais proprement dits. Par un phénomène extraordinaire, les 63,000 Canadiens sont devenus 2 millions. La population a augmenté de plus de trente fois.

Les Canadiens français possèdent, ce dont probablement aucun autre peuple du monde ne saurait s'enorgueillir, un Livre d'or de toute la nation, sous la forme d'un dictionnaire donnant la généalogie de toutes les familles du pays depuis sa colonisation. Ce livre unique est l'œuvre du savant abbé Tanguay; un travail de bénédictin basé sur des recherches dans tous les registres de l'état civil du pays, depuis la fondation de Québec, en 1608, par Samuel de Champlain.

Québec. — Québec, malgré sa hautaine citadelle dominant le Saint-Laurent et qui l'a fait nommer le *Gibraltar de l'Amérique*, n'offre qu'un intérêt bien restreint. La ville haute n'a point progressé depuis un siècle; c'est une cité morte où le voyageur ne trouverait guère plus de confortable qu'en Bretagne ou en Auvergne, si la Compagnie du *Canadian Pacific*

QUÉBEC. — Port et citadelle.

QUÉBEC. — L'échelle du Casse-Cou.

ne venait d'y faire élever une hôtellerie énorme, le *Palais Frontenac*, qui ne peut être comparée qu'à nos plus superbes châteaux des bords de la Loire.

Partout de vieilles maisons qui font penser à nos grosses bourgades normandes, Caudebec, Yvetot et autres contrées aimables où les édifices font ventre sur la rue, où les pignons d'ardoises se retroussent en pagodes. Il faut sans cesse monter et descendre les petites venelles pourvues de leur ruisseau central; partout le calme, la paix de nos provinces. Quel étonnement ce me f·t de me retrouver ainsi en pays de Caux, sous un gouvernement anglais !

C'est ici que la France semble s'être le mieux endormie dans ses traditions et le plus extraordinairement conservée dans la fidèle reproduction de ses enfants et de son langage. Sur le bateau qui, le matin, m'avait amené de Montréal vers le grand confluent merveilleux au centre duquel s'élève Québec, je m'étais déjà imaginé naviguer sur la Rance, parmi une foule de joyeux et bruyants compatriotes; même gaieté, même entrain, même expansion, même laisser-aller; c'étaient des rires, des plaisanteries, des chansons, des danses, qui fort tard dans la nuit avaient animé le bord; et dans l'équipage, au réveil, à l'heure toute matinale du débarquement, j'avais écouté, stupéfait, au milieu de jurons familiers, de « Oh ! hisse ! » des matelots au travail, de lentes conversations de gars normands qui eussent réjoui par la pureté de leur dialecte l'esprit observateur du pauvre Guy de Maupassant.

Sur la terrasse Dufferin, presque déserte, où je fus m'asseoir pour contempler le grandiose panorama de la ville de Lévis qui fait face à Québec, tout là-bas, au delà du fleuve, j'avais pour voisin de banc un brave garçon qui lisait avec passion, dans *Patrie de Montréal*, une polémique de Louis Fréchette avec l'abbé Baillargé, du collège de Joliette. — C'était un grand blond, tout jeune, flâneur et indolent, qui se mit à me causer avec un rare bon sens de la situation des Canadiens. — Il rêvait comme tous ses concitoyens, me disait-il, l'annexion ou plutôt l'absorption du Canada par les États-Unis, se rendant compte vaguement, sans être sorti de son milieu, sans même connaître New-York, de l'apathie de sa race pour apporter au Canada l'esprit de progrès, d'initiative nécessaire à son accroissement et à sa prospérité.

« Nous ne sommes pas, voyez-vous, monsieur, s'écriait-il, des hommes d'affaires, des aventuriers

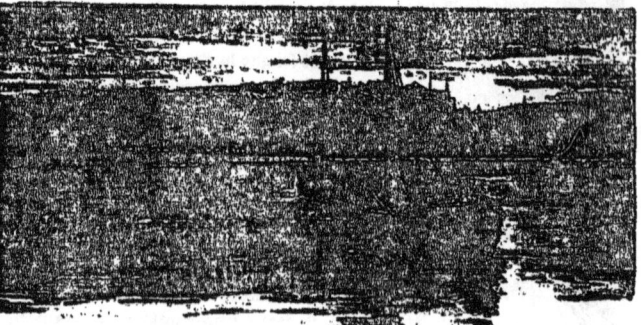

QUÉBEC. — La citadelle vue du Saint-Laurent.

de capitaux, des exécuteurs de progrès; nous sommes tous ici des songeurs épris du passé, des curieux de littérature, des romanesques; nous restons des *mineurs* dans la main des prêtres, qui ont aidé certainement à développer notre population, mais qui aussi ont étouffé notre évolution morale.

« Nous n'avons point renoncé à nos traditions, et vous avez pu voir en traversant le pays avec quel amour nous les avons conservées, et tandis que chez vous, au milieu des révolutions, vous faisiez bon marché du passé, nous gardions sous une domination étrangère les vieilles coutumes; aussi pouvez-vous aisément vous convaincre que tout ce que la domination anglaise a laissé de français ici appartient davantage à l'ancien régime qu'à la France modifiée par la Révolution.

QUÉBEC. — La terrasse Dufferin.

« Nous n'avons rien de pratique, rien de cette volonté puissante qui constitue la richesse et la poussée en avant des États-Unis. Il nous faudrait des capitalistes, des hommes d'action, des agitateurs de progrès : l'annexion nous donnerait tout cela, nous l'attendons, nous l'espérons; et les Anglais, ici, ne semblent pas éloignés de nous donner raison, car ils ne font rien pour conserver une conquête qui a coûté tant de sang, tant d'efforts successifs et tant d'héroïsme; ici, remarquez-le, point de milice, point de travaux de défense, point de navires de guerre... c'est à croire qu'en moins de quarante-huit heures l'Amérique pourrait faire main basse, sans coup férir, sur cette possession du Royaume-Uni. »

Ce bon grand garçon avait raison. Mais qu'eussions-nous fait nous-mêmes du Canada s'il était demeuré dans notre patrimoine? Interrogation qui m'obsédait assez tristement, au retour, alors que, traversant des campagnes pour ainsi dire calquées sur celles de nos pays et des cultures rappelant nos champs du Nord-Ouest, j'observais des paysans sur leurs portes, ainsi qu'en des tableaux de Millet, de Dupré ou de Daubigny, et que je remarquais avec un sentiment de joie émue des petits drapeaux français qui, dans les moindres hameaux, flottaient sur la porte des fermes et sur le clocher des églises, à l'occasion de la Fête-Dieu.

Qu'eussions-nous fait du Canada? Cette question dansait sinistrement en mon esprit, évoquant toute notre histoire depuis un siècle de révolutions diverses... et je songeais à ce qui nous reste de nos possessions des Indes, à nos plus récentes conquêtes outre-Méditerranée, à l'attachement excessif de nos nationaux à leur sol, à notre dépopulation, à notre ruineux système de centralisation qui congestionne le cerveau du pays dans une seule métropole, je songeais aussi à cette administration que l'Europe a cessé de nous envier, et je n'inclinais pas vers une réponse vraiment fort optimiste.

Garde de police canadien.

Toutefois, rien n'est plus touchant pour nous que cette fidélité à la patrie d'autrefois. Elle justifie notre confrère Beaugrand, de Montréal, alors maire de la ville, qui s'avisa, dans un banquet officiel, présidé par le gouverneur des provinces, lord Dufferin, je crois, de porter crânement ce toast :

— *A notre mère lointaine, à la France!*

Et comme le lord-gouverneur, moitié gêné, moitié souriant, tout en levant son verre, croyait devoir ajouter :

— Mais, mon cher administrateur, que faites-vous de l'Angleterre ?

— *L'Angleterre,* milord, reprit Beaugrand, *c'est notre belle-maman!*

La belle-maman, en tout cas, se montre, il faut le dire, conciliante et peu cruelle pour ses beaux-fils, les Canadiens. La protection anglaise semble très sage, très effacée, très douce; le gouvernement de sa Gracieuse Majesté n'apporte aucun esprit mesquin dans son administration, et c'est avec respect et bienveillance que l'autorité considère à Montréal et à Québec les manifestations françaises et le pavoisement des maisons au trois couleurs glorieuses. Cela mérite d'être signalé.

BOSTON

De Montréal à Boston, par le chemin des Montagnes Blanches, le voyage est délicieusement pittoresque et les douze heures de locomotion sont largement égayées par des horizons dans le style de la Suisse française qui se renouvellent avec une agréable variété. Mais, sans nous attarder aux beautés de la route, lacérons les paysages tour à tour crayonnés au passage sur mon carnet, arrivons à la grande ville libérale de l'Amérique, à la jolie et sympathique cité des poètes du Nouveau Monde.

Enfin, voilà la mer, à notre portée, l'Atlantique, américain ici, mais français là-bas! On a beau être un voyageur endurci, se plaire aux diversités des paysages et des climats, aux variations des mœurs, aux changements imprévus et à l'étrangeté des coutumes,

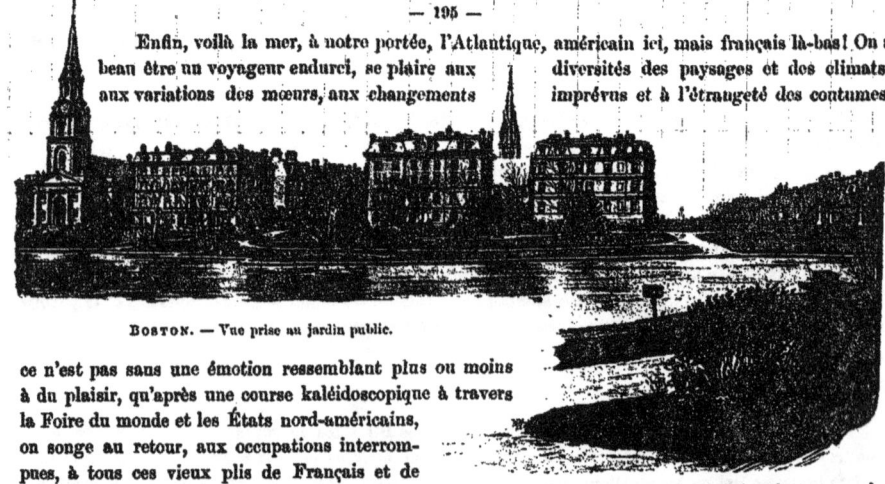

BOSTON. — Vue prise au jardin public.

ce n'est pas sans une émotion ressemblant plus ou moins à du plaisir, qu'après une course kaléidoscopique à travers la Foire du monde et les États nord-américains, on songe au retour, aux occupations interrompues, à tous ces vieux plis de Français et de Parisien qu'on avait un instant défripés et dans lesquels il va, de nouveau, falloir ajuster sa vie.

Boston s'avance, comme un môle gigantesque, entre Charles River, Mystic River et les profondes dentelures de la baie de Massachusetts, entouré d'annexes qui s'appellent East Boston, Charlestown, Cambridge, Roxbury, Dorchester, South Boston, et relié à elles, partout où l'eau baigne la presqu'île, par des ponts gigantesques, dont l'un, sur le fleuve Charles, a plus de 3,400 pieds de long.

Cambridge, que ce pont, le *West Boston Bridge*, unit à la cité au sud, tandis que le *Craigie's Bridge* (2,756 pieds seulement) les unit au nord, a gardé son autonomie municipale, et ne compte pas moins de 70,000 habitants. Elle possède la plus vieille et la plus riche des Universités américaines, fondée en 1636 par John Harvard, dont l'institution porte le nom. En outre des facultés ordinaires dont une Université se compose, celle-ci comprend des écoles de droit, de médecine, d'art dentaire, des mines, de sciences appliquées, des beaux-arts et de théologie : elle compte plus de 250 professeurs et près de 2,700 étudiants. Sa bibliothèque, dont la plus grande partie est installée dans Gore Hall, se compose de près de 400,000 volumes reliés, d'environ 300,000 brochures et de la plus vaste collection de cartes qui soit en Amérique. C'est aussi à Cambridge que MM. Hougton, Mifflin et Cⁿ ont leur grand établissement typographique, d'où sortent souvent des livres d'un goût remarquable et d'une irréprochable exécution. On voit, à Cambridge, l'église (*Christ Church*) que Washington fréquentait, et l'ormeau, qui a bien aujourd'hui trois cents ans, sous lequel Washington prit le commandement de l'armée des *Insurgents*, en 1775. On y voit aussi la maison de Washington, Craigie House, qu'habita naguère le poète Longfellow.

Arrivé le matin à Boston, j'en devais partir le lendemain dans l'après-midi. Je fus donc contraint de limiter mes plans. Je consacrai ma matinée au quartier commerçant, car le meilleur moment pour bien voir, c'est-à-dire pour comprendre une localité quelconque, c'est celui où l'activité y est à son apogée, où la vie y bat son plein. Je me fis conduire tout droit au centre même des affaires, dans Dock Square, devant *Faneuil Hall*, qui lui dispute en gloire, dans les traditions américaines, à l'*Independance Hall*, de Philadelphie. Ce « berceau de la liberté », comme les patriotes aiment à l'appeler, date de 1742 et appartenait à un marchand huguenot, c'est-à-dire français, Pierre Faneuil, qui en fit don à la ville. Il est vrai qu'un incendie l'a détruit en 1761, qu'il a été rebâti en 1768, et qu'on l'a fortement modifié et agrandi en 1805. Mais le couteau de ma grand'mère avait changé cinq fois de lame et trois fois de manche, et c'était toujours le même couteau. Pourquoi Faneuil Hall ne serait-il pas encore et toujours le « berceau de la liberté » ? Tel qu'il est, le rez-de-chaussée du vénérable édifice est agencé en marché, et la grande salle du premier étage, ornée d'un bon choix de portraits de héros du cru (y compris le portrait en pied de Pierre Faneuil), sert aux réunions politiques ou d'intérêt public.

CAMBRIDGE. — L'Université John Harward.

De Dock Square comme centre, je pus, sans allonger outre mesure les rayons, voir, en remontant à droite, le grand marché de Quincy, bâti en granit et haut de deux étages, et, du même côté, mais un peu plus bas, l'hôtel des Douanes, en granit également, qui affecte la forme d'une croix grecque, et est orné d'un portique à ses deux façades. En continuant à me diriger vers le sud, par State street, on rencontre la Bourse des marchands, non loin de la Chambre du commerce et avant la vieille *State House*, historiquement célèbre, dans les étages supérieurs de laquelle on a installé un musée de reliques patriotiques. Plus loin encore, en m'engageant dans Washington street et en tournant à gauche dans School street, j'arrivai devant *City Hall*, édifice imposant par sa masse, d'un style italien bizarre, surmonté d'un grand dôme à pans coupés, et aux portes duquel deux statues de bronze représentant Franklin et Quincy montent une garde jamais relevée.

On m'indique, non loin de là, King's Chapel, qui date de 1754, et qui touche au plus ancien cimetière de Boston, où sont enterrés Isaac Johnson, « le père de Boston », John Cotton et d'autres vieilles illustrations locales. Je leur envoyai mes respects et leur tournai le dos, car il me semblait que je venais de pousser une pointe un peu lointaine.

Je n'avais encore vu qu'une partie de Boston, mais déjà j'étais conquis, pénétré, charmé par la beauté paisible, la distinction, l'harmonie architecturale de cette adorable ville. Ah! les vertes et plaisantes avenues, les ravissantes squares! Toutes les jolies maisons de briques rouges m'apparaissaient tapissées de plantes grimpantes qui serpentaient jusque sur les toits et partout un air de calme bonheur, de repos sans sommeil, d'agitation mesurée comme en quelque Rotterdam aux jours de printemps.

Des rues bien pavées, des parcs largement irrigués de ruisseaux, égayés de pièces d'eau, des bâtisses d'un style néo-roman d'une élévation moyenne, peu de boutiques, une vraie cité d'aristocratie intellectuelle où il ferait bon vivre quelque temps et qui me rappelait comme air ambiant cet inoubliable Oxford, que j'évoquai déjà tant de fois au cours de ce voyage.

Partout des tramways électriques filant sans trêve, se croisant, se suivant dans un mouvement curieux. Boston est la ville type, la cité modèle des cars électriques ; nulle part en Amérique le car n'a atteint comme ici un tel degré de perfection.

J'essayai de remonter vers mon centre par un autre chemin, et je pris Milke street, qui débouche dans Washington, et dont un coin est occupé par *Old South Church*, tour à tour église, lieu de réunions politiques, école anglaise de cavalerie, bureau de poste, et enfin salle de conférences et musée historique ouvert à tous, moyennant cinq sous. Je n'avais pas pénétré bien avant dans la rue, lorsque je rencontrai un édifice en granit, tout neuf, et chargé d'ornements comme un âne de reliques. On y a installé les Postes et la Trésorerie. On s'accorde généralement à déclarer que c'est le plus beau morceau d'architecture dont puisse se glorifier la Nouvelle-Angleterre. Vous pensez bien que ce n'est pas peu dire. Je crois, pour mon compte, que c'en est le plus cruellement « ouvragé ».

BOSTON. — Car électrique sur une avenue.

C'est dans cette partie de la ville, en s'étendant vers le sud, que le terrible incendie de 1872 exerça ses ravages. On en a profité pour y reconstruire à grands frais une foule de banques, d'*offices* d'assurances et de maisons de commerce, *in the most approved style*. Le spécimen que j'en avais devant moi, en face de l'hôtel des Postes, et qui est le siège de l'*Equitable Life Assurance Company*, me frappa d'une admiration respectueuse et craintive, sentiment dans lequel je détournai modestement la tête chaque fois que je passai auprès d'un de ses congénères en m'en allant déjeuner.

Comme j'allais regagner la porte principale de Vendôme Hôtel, un gentleman en lunettes m'arrêta et, m'interpellant par mes nom et prénoms, me demanda s'il ne faisait pas erreur en croyant me reconnaître d'après un portrait de moi, naguère gravé par un de mes éditeurs.

Il se nomma lui-même : c'était un collègue bibliophile, homme de grand savoir avec lequel j'avais pris le plaisir de correspondre depuis longtemps déjà. La reconnaissance fut cordiale et chaude, et comme tout bon Américain, mon ex-correspondant tint à honneur de ne pas me laisser déjeuner seul. Nous nous essayâmes à parler mutuellement, lui le français, moi l'anglais ; j'avais l'avantage, paraît-il, car il déclara ne plus vouloir parler d'autre langage que celui de Pope et de Sterne. Cruel avantage, car je suivais d'une attention boiteuse son impétueux dialecte, la compréhension essoufflée et meurtrie devant une telle besogne à déblayer aussitôt.

Ce fut à l'*University Club*, sur la rivière Charles où m'avait amené mon nouvel ami, que nous déjeunâmes, — après quoi je montai dans un *buggy* qui attendait à la porte du club et que conduisit mon hôte en se dirigeant vers le *Common*, beau et vaste parc, planté d'arbres superbes, au milieu même de Boston. Sans parler du *Frog Pond*, bien connu des Américanistes, sur l'emplacement duquel on a établi une pièce d'eau avec fontaine jaillissante, le parc contient deux autres fontaines monumentales, dont l'une, *Brewer Fountain*, est en bronze et a été fondue à Paris. Il n'y a rien à en dire : l'arrangement en est décoratif et l'exécution d'une honorable médiocrité. Quant à l'autre, *Cogswell Fountain*, c'est un chef-d'œuvre national d'art quelconque. Les naturels eux-mêmes en conviennent. Mais la chose à voir dans *Common*, c'est le *Soldier's and Sailors' Monument*, qui s'élève de 90 pieds au sommet d'une éminence appelée Flagstaff Hill. Il se compose de quatre statues plus grandes que nature, symbolisant l'armée et la flotte, à la base, et d'une statue colossale de l'Amérique debout sur une moitié de sphère et gardée par quatre grands aigles aux ailes éployées. L'effet en est vraiment imposant.

De l'autre côté de Charles street, le parc se continue, ou plutôt un autre parc commence. C'est le *Public Garden*, de création beaucoup plus récente. J'y vis une statue équestre de

A BOSTON
—
Une allée du parc.

Harrison Avenue.

Washington, un monument au colonel Cass, qui s'illustra pendant la guerre de Sécession; deux ou trois autres statues en bronze ou en marbre de Yankees célèbres chez leurs compatriotes, — je ne prétends pas qu'ils ne mériteraient pas de l'être ailleurs, mais nous sommes si ignorants ici que leurs noms ne rappelleraient rien, — une Vénus surgissant de la mer, du sculpteur américain Thomas Ball, et, sans doute comme pendant, un monument très compliqué et savamment « élaboré », en l'honneur de la découverte des propriétés anesthésiques de l'éther! L'amour et la vie sortant des flots, l'éther anéantissant la douleur, ce rapprochement du mythe antique et de la réalité moderne me paraît fortement suggestif. Il est telle statue d'électricien à Paris qui est encore plus bizarre.

Mais je n'ai point de temps à donner aux rêves. Je suis ici pour explorer et visiter. Visitons!

Mon ami venait justement de me quitter, me donnant rendez-vous pour dîner, à Newbury street au *St Botolph Club*, qui est avec le *Taverne Club* un des plus littéraires et des plus artistiques de la ville.

Le premier édifice devant lequel je m'arrêtai dans ma promenade à la découverte, autour de *Common*, nous paya d'une ascension assez fatigante le long des rues qui montent au sommet de *Beacon Hill*. Boston, en effet, est bâti sur trois collines, comme l'indique le nom que lui avaient donné les premiers colons, Trimountain, ou Tremont, et qu'une de ses rues conserve encore aujourd'hui. Cet édifice, orné sur sa façade d'une belle colonnade et surmonté d'un dôme doré, ni plus ni moins que nos Invalides, est la *State House*, le palais où s'assemble la représentation de l'État de Massachusetts. La première salle est décorée de drapeaux et contient plusieurs bustes et statues; une autre, qu'on appelle, en raison de sa forme, la *Rotunda*, est consacrée au grand héros de l'indépendance : on y voit sa statue par Chantrey, des reproductions des tombes de la famille Washington telles qu'elles sont dans le cimetière de Brington, en

Angleterre, et d'autres souvenirs des temps héroïques, pieusement conservés. On me vantait la vue qu'on a du dôme; mais les séductions du vol d'oiseau furent impuissantes à m'entraîner si haut. On était en train de faire, sur le derrière de l'édifice, des constructions additionnelles qui en doubleront prochainement la grandeur et, assure-t-on, la majesté.

Je redescendis jusqu'à Beacon street, pris à gauche, et me trouvai bientôt en face du *Boston Athenœum*, grand bâtiment en pierres de taille affectant des lignes classiques, où s'emmagasine une bibliothèque de 150,000 volumes qui n'est ouverte qu'aux membres, — car c'est une sorte de club littéraire, — et

A BOSTON.

Tremont street, du côté de Common.

aux invités. L'édifice est assez grand pour loger, en outre, l'*American Academy of Arts and Sciences* avec ses quinze mille volumes.

Cédant à des conseils perfides, je m'égarai, au pied de Beacon Hill, dans des squares peuplés de bonshommes en pierre ou en métal ; dans Luisburg, je pus saluer Christophe Colomb et Aristide le trop Juste, et, dans Park square, j'admirai consciencieusement la quantité de bronze qu'il a fallu fondre pour exécuter le groupe qui symbolise l'émancipation.

Comme j'arrivais à Tremont street, fatigué moralement par ma causerie anglaise ininterrompue de l'après-midi et quelque peu aussi par les exercices oculaires qui ont leur fatigue, un *car* électrique s'arrêtait à un poteau de station. Je m'élançai et arrivai à temps pour m'y engouffrer. Je longeai ainsi, très rapidement, le côté ouest de *Common* et, à l'entrée de Boylston street, je descendis pour faire une courte visite à la Public Library. C'est la plus grande bibliothèque des États, après celle du Congrès, à Washington ; elle est riche de 500,000 volumes et de 275,000 brochures, et possède les estampes de la célèbre collection Tosti. C'est un vaste bâtiment massif, avec trois grandes portes cintrées au rez-de-chaussée et des arcades tout autour de l'étage supérieur. L'aspect général rappelle un peu notre bibliothèque Sainte-Geneviève. Bien que la salle de lecture soit spacieuse, très éclairée, et que tout soit calculé pour la commodité du service et des lecteurs, elle n'est plus assez grande pour l'augmentation incessante et toujours plus rapide des livres ; on devait inaugurer, cette année même, en plein quartier élégant, dans Copley square, non loin de l'aristocratique Black Bay, un autre édifice qui sera, dit-on, sans rival aux États-Unis. Quoiqu'il n'y ait que Boylston street à suivre pour y arriver, Boylston est long, et je ne me sens pas le courage d'aller jusque-là pour contempler extérieurement une débauche de pierres blanches et d'ornements criards, et n'être sans doute pas admis à visiter l'intérieur inachevé, où rien n'est encore en place.

Je montai pourtant dans le car qui dessert Boylston street, pour le laisser à l'entrée de Berkeley street, où s'élève, en des proportions élégantes et bien comprises, l'hôtel de la Société d'histoire naturelle, qui possède une bibliothèque de 20,000 volumes et des collections intéressantes qui valent d'être visitées. Avant d'y arriver, on passe devant le siège de l'Association des jeunes gens chrétiens, qui forme le coin des deux rues et présente une façade d'angle au long de laquelle l'œil se promène volontiers.

A la rue suivante, à l'endroit où le car quitte Boylston street pour s'engager dans Huntington Avenue, au coin de Clarendon street, j'entrai dans *Trinity Church*, très grande église, luxueusement décorée, avec cette abondance, et j'allais dire cette chaleur d'ornementation, qui rapproche les épiscopaliens des catholiques.

Je liai la conversation avec un gentleman que mon air étranger disposait à la courtoisie et à la bienveillance, — marque certaine, en ce pays, qu'il appartenait au monde où l'on est bien élevé. Il me signala l'existence, un peu plus loin, d'une autre église remarquable, *Old South Church*, extrêmement décorée aussi, et dont la tour a 248 pieds de haut, et il me conseilla fort de ne pas partir avant d'avoir vu le *Museum of Fine Arts*, un peu plus loin encore, qui, me dit-il, est un beau monument de briques rouges, avec une luxuriante décoration extérieure en terre cuite, moulages et moulures ; à l'intérieur, les salles basses contiennent des sculptures et des antiquités égyptiennes ; la partie supérieure est occupée par la bibliothèque et par des galeries de peinture et de gravure où abondent les œuvres remarquables. Mais il n'était guère possible de voir tous ces chefs-d'œuvre le jour même, car la nuit tombait, et puis ce

Louvre bostonien était justement dans Copley square, où j'avais décidé de ne point aller, pour éviter l'éclatante merveille de la nouvelle *Public Boston Library*. Je remerciai donc mon aimable interlocuteur de ses renseignements, dont je lui suis d'autant plus reconnaissant que je vous en fais profiter, lecteurs, et je suivis Clarendon street jusqu'à Marlborough street, que je voulais prendre pour regagner Berkeley. Chemin faisant, je passai devant la *First Baptist Church*, dont la masse a la forme d'une croix grecque surmontée d'un campanile haut de 176 pieds, qu'entoure une frise ornée de statues colossales d'après les dessins de Bartholdi.

Boston est une des villes des États-Unis où la statuomanie, qui règne un peu partout à l'état endémique, sévit avec le plus de véhémence. La marbrerie et la chaudronnerie européennes, si gravement souffrantes d'un excès de production, ont là un précieux exutoire pour peu qu'elles sachent l'entretenir. Si les échanges commerciaux étaient intelligemment réglés, Boston, qui est la plus grande manufacture de cordonnerie du monde, nous enverrait en retour de quoi nous chausser, et c'est nous qui y gagnerions.

Au coin de Marlborough et de Berkeley, je trouvai une autre *First Church,* unitarienne celle-là, puis, au coin de Newbury, la *Central Congregational Church,* qui a un grand clocher de pierre, se découpant assez légèrement sur le fond assombri du ciel. D'autres églises surgissaient en avant, à droite, à gauche, dans les rues adjacentes, partout. Cela devenait une obsession qui pouvait dégénérer en cauchemar. Je pris une voiture à une station avoisinant le *Public Garden* et j'atteignis Vendôme Hôtel, où je pus m'habiller pour aller dîner au club; j'y fis un extraordinaire repas et passai une soirée exquise dont il serait trop long de mentionner ici le menu et les charmes.

Le lendemain matin, tout ragaillardi par huit heures de bon repos, je me sentis piqué de l'esprit d'aventures et capable des expéditions les plus téméraires. « Non! m'écriai-je en me campant dans mon tub et m'inondant d'eau froide, il ne sera pas dit qu'un Français, venu à Boston, en sera parti sans avoir foulé d'un pas respectueux les lieux sacrés où les Américains arrosèrent de leur sang la terre pour y faire pousser la liberté. Le chargement de thé dont l'immersion dans le port de Boston mit le feu au pays n'a laissé aucun spécimen à garder sous vitrine dans les musées nationaux ; le navire qui le portait a pourri dans quelque dock, à moins qu'il ne se soit englouti en pleine mer, ou qu'il n'ait flambé comme un paquet d'allumettes : la noble surexcitation de mon esprit s'oppose à l'exactitude de mes souvenirs sur ce point. Mais le port est toujours là, et hier j'ai pu voir les vaisseaux qui l'emplissent, les wharfs sans nombre qui s'allongent en dents de scie tout autour, et où s'embarquent et se débarquent, mieux que, jadis, à Tyr ou à Salente, les marchandises du monde entier. J'ai salué ce port héroïque et marchand. C'est peu. Cependant la tour de Paul Revere, les champs de Bunker Hill m'appellent. Si je résistais à leurs voix, que diraient les mânes de La Fayette et de Rochambeau ? »

Steamboat
faisant le service entre Fall River et New-York.

Et comme j'avais fini ma toilette, je descendis au *breakfast-room*, où je m'assimilai un substantiel premier déjeuner.

Rien ne maintient l'exaltation de l'âme comme les fumées d'un estomac vide. L'opération à laquelle je venais de me livrer me calma donc très sensiblement ; néanmoins, ma résolution restait la même. Et, de fait, qu'avais-je à faire de mieux, puisque je ne repartais qu'après midi !

Le *stewart* voulut bien, à ma requête, donner l'ordre de faire avancer une voiture, et je roulai vers *Copp's Hill*, à la pointe même de cette espèce de tête de massue dentelée et bossuée que forme la presqu'île que Boston a envahie en la débordant. Arrivé dans Salem street, j'eus la satisfaction de voir *Christ Church*, la plus vieille église de la cité. Son antiquité — elle date de 1722 — et son jeu de cloches suffiraient à assurer sa réputation. Mais c'est dans sa tour que se trouvait la lumière grâce à laquelle Paul Revere connut et put apprendre à la population anxieuse la marche des Anglais vers Concord et Lexington (avril 1775). Cet événement, célébré par les poètes, a fait de la tour du Christ Church un lieu de pèlerinage, que rend encore plus fréquenté le voisinage de *North Burying-Ground*, vieux cimetière où reposent, à côté de quelques-uns des pères de l'Église puritaine, plusieurs héros républicains.

Je laissai là ma voiture et me dirigeai à pied vers l'un des deux ponts qui unissent Boston proprement dit à Charlestown. Pour ne point m'allonger inutilement, j'eus soin d'aller, non point à Warren Bridge, mais au plus septentrional, Charles River Bridge, long de quinze cent trois pieds. J'y trouvai un *car* électrique, et, à l'aide de correspondance et de passage du *car* électrique en un *horse-car*, je parvins sans trop d'encombre au lieu où se livra la fameuse bataille du 17 juin 1775, dans laquelle se jouèrent les destinées du nouveau peuple. On y a établi un assez vaste square, et, à l'endroit même où s'élevait la vieille redoute de Breed's hill, se dresse aujourd'hui le monument commémoratif. C'est une puissante pyramide en granit du pays, mesurant trente pieds à la base et deux cent vingt et un pieds en hauteur. Un escalier en spirale, de deux cent quatre-vingt-quinze marches, conduit à une sorte de lanterne au sommet, d'où je pus voir Boston avec les agglomérations qui l'entourent, le port, la mer, la campagne, sans être borné par rien que par la ligne même de l'horizon. C'est, à coup sûr, un grand et beau spectacle.

Le général Warren, qui tomba sur le champ de bataille, a sa statue dans la maison construite derrière le monument, où d'autres souvenirs et documents sont conservés.

En revenant, je gagnai à gauche Chelsea, afin de jeter un coup d'œil sur les chantiers de construction maritime (*Navy Yards*) que les États-Unis possèdent là et qui couvrent plus de quarante hectares. Cette voie borne les chantiers dans toute sa longueur.

J'y repris le car électrique, et, passant cette fois Warren Bridge, je fus promptement ramené au centre de Boston, non loin de mon hôtel, où je n'avais plus qu'à attendre en lunchant l'heure, prochaine d'ailleurs, du départ du train, qui devait me conduire à Fall River la conscience tranquille, assuré désormais que ni Rochambeau ni Lafayette ne viendraient, de leurs doigts d'ombres irrités, me tirer les pieds pendant mon sommeil.

En steamboat sur Fall River.

De Boston à New-York. — Par Fall River et la rivière de l'Est, on ne peut rêver un voyage plus agréable, plus reposant, plus exquis que celui qui, après une heure de chemin de fer, au sortir de Boston, conduit de Fall River à New-York sans secousses, sans tracas, dans un enveloppant bien-être, un luxe incomparable, un confort sans nom. *The Puritan*, qui était en partance, m'avait été signalé comme le plus vaste et le plus moderne steamer de la ligne; mais, malgré tout ce que, jusqu'alors, il m'avait été donné de voir et d'admirer dans cette Amérique prodigieusement pratique, je n'aurais pu concevoir un steamboat aussi extraordinaire que celui sur lequel je pris passage au milieu d'une affluence formidable.

J'aime à croire que ce voyage est une vraie partie de plaisir pour les New-Yorkais et les Bostoniens, car ces bateaux, qui peuvent contenir au minimum mille passagers, sont généralement au complet; ils mettent environ dix heures pour effectuer leur route fluviale, et, pour éviter toute perte de temps, c'est la nuit surtout que s'opère cette paisible excursion.

J'aimerais à détailler toutes les merveilles de cet énorme hôtel flottant à trois étages, dont l'aménagement est non moins compliqué que celui d'un transatlantique, bien que d'un style décoratif infiniment supérieur. Sur cette arche de plaisance, rien ne fait défaut, ni la salle à

Toutes voiles dehors!

menger, contenant à chaque service environ trois cent cinquante personnes, ni les cabines berceuses de sommeil, ni les salons divers, ni le hall immense du centre, au milieu duquel un orchestre mugit sans cesse d'entraînantes valses allemandes ; ni l'électricité, disposée de toutes parts, et qui jaillit de légères et élégantes frondaisons de fer forgé, grimpant autour des mâtures et des balustrades ainsi que de vigoureuses plantes de la Floride.

Lorsque, le soir, nous passâmes devant Newport, j'avais déjà inspecté avec une surprise sans égale ce bâtiment démesuré, aussi solidement équipé qu'un paquebot d'Extrême Orient, et pourvu de tout... même d'horizontales à demeure, qui *font le pont*, non sans succès, à l'aller et au retour. L'hypocrisie des mœurs se prête remarquablement à ces mystères de bord assez peu apparents pour ne scandaliser personne.

Au matin, lorsque les nègres nous réveillèrent, nous pénétrions dans les faubourgs de New-York ; peu après, nous passions sous le pont de Brooklyn, déjà trépidant de mille agitations, secouant son tablier à de vertigineuses hauteurs, puis nous venions nous embosser dans les ports de l'Hudson, au bas de la ville, après une

La méridienne à bord.

courbe savante, au milieu du va-et-vient de centaines de navires qui, dans la limpidité atmosphérique du matin, évoluaient à l'aise sur cet estuaire vraiment superbe et dont le spectacle semble toujours nouveau.

PANORAMA DE LA VILLE DE NEW-YORK,
DE L'HUDSON, DE LA RIVIÈRE DE L'EST ET DE LA RADE.
(Vue prise en ballon par Mussather.)

RETOUR EN FRANCE
(Notes d'album prises à bord de la Bourgogne).

Est-ce un songe? Nous voici en pleine mer avec un temps hargneux, un roulis qui s'accentue chaque jour davantage, et qui a fait déployer les cordages pour éviter les chutes! — Ces derniers jours passés à New-York au milieu de fêtes multiples, ces adieux sous la tente des transatlantiques, ces larmes sincères du départ, ces amis agitant au loin mouchoirs et chapeaux...; puis le calme, la rêverie à bord, et ce voyage si hâtif qui déjà s'efface et s'estompe dans les brumes du lointain.

J'ai beau m'ausculter, m'analyser, m'écouter, je ne sens, ne découvre et n'entends rien en moi qui ressemble à cet enthousiasme escompté et prévu pour l'heure du retour; je n'éprouve aucune hâte à rentrer, et les doux alanguissements de cette vie de bord pourraient à mon gré, sans souffrance, se prolonger une semaine de plus dans cette population franco-américaine vraiment curieuse et intéressante.

On roule!

Dimanche matin. — Nous arrivons ; le pilote est à bord ; de la dunette du capitaine, je vois se dessiner nos côtes : partout un air de fête ; le bateau marche dur pour gagner le Havre avec la marée de midi... le vent est bon, la mer se calme... voici paraître les falaises de Sainte-Adresse, qui nous sont familières... le Pain de sucre, puis là-bas Frascati ; la rade du Havre me semble déserte, petiote et sans caractère ;... pourquoi ?

Nous entrons dans la jetée et gagnons le bassin de l'Eure. Ce n'est pas l'ivresse attendue qui m'emplit l'être : le fameux cliché du sol natal ne me galvanise pas... Je vois le Havre gris, minuscule, vieillot ainsi qu'une triste bourgade ; peu de monde ; quelques soldats endimanchés regardant la

Débarquement dans l'avant-port du Havre.

venue du gros bateau... un vrai dessin de feu Léonce Lepetit. — Une angoisse m'étreint, car une comparaison s'impose !... Que sera-ce tout à l'heure, lorsqu'il faudra subir les tortures des wagons si défectueux, s'étouffer dans des buffets mal agencés et sans organisation, attendre trois heures l'arrivée des bagages et constater que les cochers de la capitale de France sont encore en grève !

RENSEIGNEMENTS PRATIQUES

Paris à New-York (viâ le Havre).
Tous les samedis du Havre et de New-York.

Trains spéciaux transatlantiques.

Un train spécial est mis, chaque semaine, à la disposition des passagers allant de Paris à New-York, et les conduit directement (avec un seul arrêt à Rouen), eux et leurs bagages, au bassin de l'Eure, à l'embarcadère des paquebots.

Les prix du transport de Paris aux paquebots sont ceux du tarif du chemin de fer de l'Ouest. Deux heures avant le départ, l'enregistrement des bagages commence à la gare Saint-Lazare, rue d'Amsterdam.

Au retour de New-York à Paris, les passagers trouveront à leur arrivée au Havre des trains spéciaux qui les conduiront, eux et leurs bagages, du quai de débarquement à Paris, gare Saint-Lazare.

Paquebots de la Compagnie Générale Transatlantique :

1re classe, de 400 à 1,200 francs, suivant le navire et la cabine ; 2e classe, 300 francs ; 3e classe (émigrants), de 125 à 175 francs, suivant la saison.
Billets d'aller et retour avec 10 % de réduction.

Aux États-Unis.

Il est difficile d'établir ici des prix de route absolus pour les chemins de fer et les bateaux américains ; ces prix sont variables, car la concurrence des lignes est considérable ; de plus, les marchands des agences créent des cours sur les billets qu'ils vendent. Nous ne donnerons donc qu'une moyenne :

De New-York à Philadelphie : 2 dollars environ ;
De New-York à Baltimore : 2 dollars 1/2 environ ;
De New-York à Washington : 4 à 6 dollars ;
De New-York à Chicago : de 18 à 25 dollars au maximum ;

Le train spécial transatlantique rentrant du Havre à Paris.

De Washington à Chicago : de 15 à 17 dollars ;
De Chicago au Niagara, par l'*Érié Lénc* (meilleur marché), 12 dollars environ ;
De Chicago à Montréal, par le *Canadian Pacific*, 20 à 25 dollars ;
De Montréal à Québec, par bateau, 2 ou 4 dollars ; par chemin de fer, 2 ou 3 dollars ;
De Québec à Boston, par le *Grand Trunk*, 14 dollars environ ;
De Boston à New-York, par bateau, 3 à 5 dollars ; la nourriture à bord, 1 dollar.

Le *sleeping* des chemins de fer américains se paye 2 dollars, en moyenne, de supplément, par nuit et par lit. Le repas, 1 dollar (sans le vin). Pour les wagons de luxe, on paye environ 1 dollar pour occuper le *Parlor car* toute la journée.

TABLE DES MATIÈRES

	Pages.
Le Départ de Paris	1
La Traversée du Havre a New-York	8
Arrivée a New-York	13
A New-York. — Premières impressions	17
— A l'hôtel	19
— La vie à New-York	21
— L'art décoratif américain	27
— Central Park et River Side	31
— Les principaux clubs	35
— Les théâtres	41
— La rue, les monuments publics	49
— Les moyens de locomotion	51
— Le respect de la femme	55
— Le Metropolitan Museum	56
Chez Thomas Edison	59
— A Orange Park	60
— Le *Kinetograph*	64
De New-York a Philadelphie	72
Philadelphie	77
Baltimore	90
Washington	98
Les Nègres a Washington	101

	Pages.
A la Maison Blanche. — Une visite au président Cleveland	103
Promenade dans Washington	110
En route pour Chicago. — Les chemins de fer	121
Chicago	127
— Les rues de Chicago	137
— Les hôtels et les restaurants	139
— Les quartiers excentriques	142
— Les plaisirs du soir	145
— Les Français à Chicago	149
Visite matinale aux yards d'Armour and C°	152
Une excursion a Pullman city	160
Chicago manière noire	165
Le Niagara	172
Au Canada	178
— Toronto	180
— Montréal	182
— Québec	189
Boston	194
De Boston a New-York	210
Retour en France	213
Renseignements pratiques	215

www.ingramcontent.com/pod-product-compliance
Lightning Source LLC
Chambersburg PA
CBHW051916160426
43198CB00012B/1913